PREGUE POR UM ANO #3

Livros de autoria de Roger Campbell

Pregue durante um Ano # 1
Pregue durante um Ano # 2
Pregue durante um Ano # 3
Pregue durante um Ano # 4
Pregue durante um Ano # 5
Pregue durante um Ano # 6

PREGUE POR UM ANO #3

104 Esboços de Sermões

Dois esboços completos para cada Domingo do ano

Roger Campbell

Proclamação

Título Original: Preach for a Year #3
Edição Publicada pela Kregel Publications, Inc. ©
EUA - 1988, por Roger F. Campbell

SUPERVISÃO EDITORIAL: Oliver Conovalov
TRADUÇÃO: Pr. Pedro Volvchenko
REVISÃO: Pr. Antônio de Souza Filho
CAPA: Roger Conovalov
PROJETO GRÁFICO E DIAGRAMAÇÃO: Roger Conovalov

As citaçõs bíblicas foram extraídas da versão brasileira:
A Bíblia Sagrada (Antigo e Novo Testamento), Traduzida em português por João Ferreira de Almeida, Revista e Atualizada no Brasil - SBB 2a Edição.

Catalogação na Fonte do Departamento Nacional do Livro
(Fundação Biblioteca Nacional, Brasil)

Campbell, Roger F.
Pregue por um Ano: volume 3/ Roger F. Campbell; tradução de Pr. Pedro Volvchenko - São Paulo - Editora Proclamação Ltda - 2021

Tradução de: Preach for a Year #3
ISBN: 978-65-86626-79-7

1. Teologia 2. Sermões 3. Vida Cristã CDD 613.83

Editora de Distribuidora Proclamação LTDA
Rua Catequese, 33. Bairro Jardim
CEP: 09090-400 - Santo André - SP.

e-mail: livrariaverdevale@hotmail.com
www.editoraproclamacao.com.br

Para o pastor Wayne Otte, quem primeiro incentivou-me para tornar disponíveis meus sermões a outros.

ÍNDICE

Introdução.........11

Janeiro

Nosso Deus eterno.........13
A grande corrida anual.........15
Quando a Igreja agrada a Deus.........17
Haja harmonia na igreja.........19
Escondendo-se de Deus.........21
Que é isso que fizeste?.........23
Sofrimento agora... glória depois.........25
O salário do pregador e benefícios adicionais.........27

Fevereiro

Eu sou o pão da vida (Começa a série "Eu sou").........29
Eu sou a luz do mundo.........31
Eu sou a porta.........33
Eu sou o bom Pastor.........35
Eu sou a ressurreição e a vida.........37
Eu sou o caminho, a verdade e a vida.........39
Eu sou a videira verdadeira.........41
Eu sou o alfa e o ômega (*termina a série "Eu sou"*).........43

Março

O amor é o maior.........45
Deus o tomou.........47
Quem acreditará? (*Começa a série "Sobre a cruz"*).........49
O Homem de dores.........51
Ferimentos, hematomas e paz.........53
Trazendo de volta os desgarrados.........55
O Salvador silencioso.........57
Da cruz para o trono (*Termina a série "Sobre a cruz"*).........59

Abril

O poder da ressurreição

(*Começa a série "Sobre a ressurreição"*)....61
Experiências junto ao túmulo vazio....63
Se Cristo não tivesse ressuscitado....65
Muitas provas infalíveis
(*Termina a série "Sobre a ressurreição)*....67
Deus interroga o primeiro assassino da terra....69
Você deve nascer de novo....71
A alegria máxima de Paulo....73
Obstáculos à fé cristã....75

Maio

Motivos para louvar ao Senhor....77
A determinação de Calebe....79
A mãe de todos nós....81
Maria, Marta e o Senhor....83
Faça o que puder....85
O banido volta para casa....87
Uma convocação para lembrar (*Dia Memorial*)....89
Uma fome na América? (*Dia Memorial*)....91

Junho

O que Deus quer fazer em tua vida....93
Uma questão de vida ou morte....95
O prêmio....97
Saudades do lar celestial....99
Como purificar nossas vidas....101
Permanecendo em Cristo....103
A oração do Senhor....105
A última oração na Bíblia....107

Julho

Uma nação carente....109
Tornemos para o Senhor....111
Como Deus fala....113
Vencendo a tentação....115
O castigo violento que foi usado por Deus....117

Preparando-se para as aflições....119
Perdendo e achando....121
Aceitando um desafio novo na vida....123

Agosto

O fruto do Espírito Santo é amor
(*Começa a série "Sobre o Fruto do Espírito Santo"*)....125
O fruto do Espírito Santo é alegria....127
O fruto do Espírito Santo é paz....129
O fruto do Espírito Santo é longanimidade (paciência)...131
O fruto do Espírito Santo é gentileza (benignidade)....133
O fruto do Espírito Santo é bondade....135
O fruto do Espírito Santo é fidelidade....137
O fruto do Espírito Santo é mansidão....139

Setembro

O fruto do Espírito Santo é temperança (autocontrole)
(*Termina a série "Sobre o fruto do Espírito Santo"*)....141
O mais importante encontro marcado de um cristão....143
Viver sem ansiedade....145
Confessar Cristo publicamente....147
Que doutrina nova é essa?....149
A Bíblia e a batalha espiritual....151
Anelos dos discípulos....153
O Senhor e Lídia....155

Outubro

Permanecendo positivo num mundo negativo....157
O que significa ser perdido....159
O poder da ação positiva....161
A fé que não opera salvação....163
O maior mentiroso na cidade....165
O Diabo no seu melhor traje a rigor....167
Lidando com as pressões do fim dos tempos....169
Tua vida à prova de terremoto....171

Novembro

Tempo para a Ceia do Senhor....173
Paz com Deus....175
Olhando como vencedores....177
O Senhor disciplina seus filhos....179
Porque os cristãos têm provações
(*Começa a série "Fé sob Fogo"*)....181
Fé para crises da família....183
Uma Ação de Graças Fantástica....185
Fé quando todos teus castelos desmoronam....187

Dezembro

Fé quando as finanças diminuem....189
Fé quando outros estão contra nós
(*Termina a série "Fé sob Fogo"*)....191
O nascimento virginal de Cristo
(*Começa a série "Sobre o nascimento de Cristo"*)....193
O Magnificat (o Cântico de Maria)....195
Quando a Aurora do céu visitou a Terra....197
A noite de milagres....199
Herodes:o inimigo de Cristo
(*Termina a série "Sobre o nascimento de Cristo"*)....201
Nosso Senhor, o Nivelador....203

Quintos Domingos

Jesus quer ser teu amigo....205
Procurando chuva....207
Questões para acabar com o medo de testemunhar....209
Conseguindo paz para testemunhar....211
Abençoada dispersão....213
Trezentos heróis....215
O homem que andou com Deus....217
Retorno a Betel....219

Índice bíblico....221

INTRODUÇÃO

Obrigado por estrear *Pregue Por Um Ano #3*. Este não é um livro acerca de técnicas de pregação, mas um convite para entrar em meu escritório e unir-se a mim no preparo para pregar. Sua habilidade para desenvolver estes esboços em sermões nasce do estudo e da oração, e pode ser muito maior do que a minha. Sua apresentação eloquente pode utilizar estes recursos para pregar e torná-los tão altamente eficazes como nunca o foram antes.

A Deus seja a glória!

Certo pastor, o qual usara outro dos livros *Pregue Por Um Ano*, telefonou-me para agradecer pela minha participação na alimentação de sua congregação no ano passado.

Se *Pregue Por Um Ano #3* for útil na alimentação das ovelhas que o Senhor te confiou serei grato. Eles são esboços explicativos. Leonard Ravenhill escreveu: "Irmãos pregadores, não permitam que as almas enfermas pelo pecado, com mentes saturadas e espíritos golpeados retornem vazias de nossas mensagens, porquanto, quando elas buscam um remédio espiritual, nós lhes oferecemos apenas mais um diagnóstico sombrio da crise do momento!" Paulo escreveu: "Prega a Palavra" (II Tim.4:2).

Os esboços são ineficazes à parte de uma pregação sincera. Richard Baxter insiste com os pregadores para dirigirem-se frequentemente aos corações aflitos, os quais, disse, serão uma audiência certa. O objetivo dele era pregar como se nunca mais pudesse pregar, e como um homem agonizante a um povo agonizante.

Esses esboços foram preparados com intensa oração a fim de levar pessoas a Cristo e edificá-las na fé. Eles são testados no púlpito, e aguardam maior utilidade à medida que você usá-los, mediante teus dons espirituais, para comunicar a mensagem de Deus na tua congregação.

Roger Campbell

NOSSO DEUS ETERNO

Gênesis 1:1-3

I. Introdução

A. A focalização no primeiro dia do Ano Novo
1. O passado é passado
2. Um começo novo

B. O começo real
1. Criação do universo
2. O começo de tudo que vemos e conhecemos

C. Aprendendo acerca do nosso Criador

II. Corpo do Sermão

A. Deus existia antes da Criação (v.1)
1. O senso comum exige algo ou alguém eterno
a. Devemos sempre perguntar: "O que era antes daquilo?"
b. Não, Deus sempre esteve lá
(1) Alguns relembram um molusco eterno
(2) Nós relembramos nosso Senhor divino
2. Deus é eterno (Deut. 33:27; Is. 43:10)
a. Olhe para trás eternamente e Deus está lá (Salmo 90:2)
b. Olhe para frente eternamente e Deus está lá (Apoc. 22:5)
3. Esse é o motivo porque Deus pode oferecer vida eterna (João 3:16;5:24)

B. Deus é separado de sua criação (v.1)
1. O começo majestático da Bíblia
a. Contesta o ateísmo: Deus existe
b. Contesta o panteísmo: Deus existia antes de sua criação
2. Todas as coisas existem para o seu desígnio e sua glória
a. Os céus declaram sua glória (Salmo 19:1)
b. As flores demonstram seu cuidado (Mat. 6:28-30)
c. O s mares reconhecem-no como Mestre (Marc. 4:39)

3. A Criação faz com que as pessoas fiquem indesculpáveis
    a. Ela manifesta-se em todos os lugares (Rom.1:18-19)
    b. Ela revela seu poder eterno e divindade (Rom.1:20)
    c. Somos todos devedores ao nosso grande Criador

O plano de Deus para sua Criação (v. 2 & 3)

1. Ele não deixou a Criação no caos (sem forma e vazia)
2. O Espírito Santo estava operando para propiciar ordem e utilização
    a. Ele faz isso em nossas vidas
    b. A fé em Cristo produz o novo nascimento (João 3:3,5)
    c. A nova vida substitui a antiga (II Cor.5:17)
3. Luz em lugar de trevas
    a. "Haja luz"
    b. Nosso Senhor é a luz do mundo (João 8:12)
    c. A Palavra de Deus é uma luz para nosso caminho (Salmo 119:105)
    d. Deus traz luz para nossas vidas (Salmo 27:1)

III. Conclusão

A. A Vida eterna do nosso Deus eterno
    1. Não ficamos sujeitos às restrições do tempo
    2. Nesta vida nossos dias são contados (Salmo 90:10)
    3. Os dias sábios podem preparar-nos para a eternidade (Salmo 90:12)

B. Receba Cristo pela fé em preparo para a eternidade
    1. Nada pode separar-nos do seu amor (Rom. 8:38-39)
    2. Confiar em Jesus garante vida eterna (I João 5:13)

A GRANDE CORRIDA ANUAL

I Cor. 9:27; Fil. 3:13-14; Hb. 12:1-2

I. Introdução

A. A Bíblia compara a vida cristã a uma corrida
  1. A cada ano avançamos mais uma etapa da corrida
  2. Cada ano leva-nos mais perto do objetivo

B. Todos os corredores desejam vencer

C. O que precisamos para vencer a corrida?

II. Corpo do Sermão

A. Precisamos de disciplina (I Cor. 9:24-27)
  1. Os astronautas disseram ter o equipamento apropriado
     a. Eles são selecionados criteriosamente
     b. Passam por treinamento rigoroso
     c. Tornaram-se pessoas disciplinadas
  2. Os crentes também devem ser disciplinados
     a. Disciplinados na vida devocional
     b. Disciplinados nos pensamentos
     c. Disciplinados naquilo que dizemos
     d. Disciplinados moralmente
  3. Devemos alcançar o domínio próprio
     a. "Equilibrados em todas as coisas"
     b. Isso provém do Espírito Santo (Gal.5:21-22)
  4. Devemos ser guiados pelo Espírito Santo, e não pela carne

B. Precisamos de direção (Filip. 3:13-14)
  1. Não podemos vencer olhando para trás
     a. "Esquecendo as coisas que atrás ficam"
     b. Abandonando o passado
     c. Esquecendo erros e mágoas antigas
  2. "Avançando para as coisas que estão adiante"
     a. Agarrando oportunidades para servir a Cristo
     b. Avançando para frente com antecipação
     c. Recebendo rapidamente todos os desafios espirituais

3. "Prosseguindo para o alvo"
   a. Usando melhor o tempo para o serviço cristão
   b. Vivendo sempre para a glória de Deus
   c. Esperando sempre o retorno do Senhor
4. Conservando galardões eternos na mente (o prêmio)
5. Galardões recebidos na vocação celestial (Apoc. 22:12)

C. Precisamos estar trajados adequadamente para a corrida (Hebr. 12:1-2)
1. "Abandonemos todo embaraço"
   a. Os corredores trajam vestes leves
   b. Nenhum peso extra para torná-los vagarosos
2. Quais pesos têm sido obstáculos ao teu progresso?
   a. Você tem sido oprimido com ansiedades?
   b. Você tem estado indisposto para perdoar?
   c. Tem você sido dificultado pelo negativismo?
   d. Tem você diminuído sua marcha devido aos temores?

3. Os corredores desfazem-se de pesos que minam sua energia

III. Conclusão

A. Como você está se comportando na grande corrida anual?

B. As recompensas para vencedores tornarão cada esforço compensador

C. Cada esforço será digno quando olhamos para Cristo

QUANDO A IGREJA AGRADA A DEUS

I Cor. 12:11-26

I. Introdução

A. Nomes do Corpo coletivo de crentes

1. A Igreja (At. 2:47)
2. A Noiva de Cristo (Apoc. 21:9)
3. O Templo de Deus (Ef. 2:20-22)
4. O Corpo de Cristo (Ef. 5:30)

B. Atitudes corretas no Corpo de Cristo agradam-no

C. Quais são essas atitudes corretas?

II. Corpo do Sermão

Há individualidade no Corpo (v.11-17)

1. O que temos em comum:
   a. Todos batizados pelo mesmo Espírito Santo
   b. Todos batizados num mesmo corpo (v.13)
   c. A todos foi dado beber de um só Espírito Santo (v.13)
2. O que temos como indivíduos
   a. Retemos nossos próprios temperamentos
   b. Retemos nossas próprias personalidades

C .Não edificando blocos, mas pedras vivas (I Pedro 2:5)

3. A igreja em Corinto negligenciou essa verdade (I Cor. 3)
   a. Não deveríamos querer ser outro alguém
   b. Deveríamos aceitar-nos assim como somos

B. Não há inferioridade no Corpo de Cristo (v. 18-22)

1. Um verso de transição para aliviar (v.18)
   a. Deus colocou-nos no Corpo de Cristo
   b. Somos dotados conforme Ele quer
2. Devemos aceitar nós mesmos e os outros
3. Precisamos um do outro
   a. Não somos todos iguais
   b. Toleramos um ao outro
   c. Servindo juntos agradamos Nosso Senhor

4. Os membros frágeis também são necessários (v. 22-24)
    a. Ninguém deve ser olhado com inferioridade
    b. Todos devem ser honrados

C. Deve haver uma comunhão fraternal no Corpo de Cristo (v. 25-26)
1. "Não haja divisão no corpo"
2. Devemos cuidar um do outro
3. Devemos amar um ao outro
4. Devemos ser sensíveis com outros membros que sofrem
5. Devemos nos alegrar quando outros membros são honrados
6 .Não é para ficarmos divididos, mas de comum acordo (At. 2:1)

III. Conclusão

A. O que acontece quando a igreja funciona como um Corpo de Cristo?
1. Considere a igreja do primeiro século
2. Milhares convertidos; igrejas estabelecidas

B. Isso pode acontecer hoje?

C. Por que não?

D. Por que não aqui?

E. Por que não agora?

HAJA HARMONIA NA IGREJA

Filip. 2:1-8

I. Introdução

A. Quando os crentes viviam em unanimidade

1. Eles oravam com grande fé (At. 4:31)
2. Eles pregavam com grande poder (At. 2:1)
3. Eles desfrutavam de grande comunhão (At.2:41-46)
4. Eles experimentavam grande crescimento (At. 2:47)

B. Paulo desafia a igreja em Filipos a viver em unanimidade

1. Se há alguma exortação em Cristo
2. Se há alguma consolação de amor
3. Se há alguma comunhão do Espírito Santo
4. Se tendes alguma afeição e misericórdia

C. Como ter harmonia na igreja

II. Corpo do Sermão

A. Nada façais por contenda ou por vanglória (v.3)

1. O desaparecimento de contendas traz vida nova para a igreja
2. A contenda mantém más companhias
   a. É aliada com a inveja, as divisões e a carnalidade (I Cor. 3:3)
   b. Está na lista das obras da carne (Gal. 5:19-21)
   c. Vem de Satanás (Tiago 3:14-16)
3. O trabalho que visa glorificar o servo é inútil
4. Todo o trabalho na igreja deveria glorificar a Deus (Col. 3:23)

B. Cada um considere outros superiores a si mesmos (v.3)

1. Aqui é um aspecto diferente de autoestima
   a. A grande pressão pela autoestima
   b. Paulo apela para uma estima mais elevada pelos outros
2. A estima pelos outros brota do amor
   a. O amor capacita-nos a esquecer as faltas dos outros
   b. Quando você edifica sobre uma falta, espere por um terremoto
   c. O amor capacita-nos a procurar o que há de melhor nos outros

3. Esse tipo de estima motiva-nos a suprir as necessidades dos outros (v.4)

A. Nosso interesse por eles é maior do que por nós mesmos

B. Desejamos protegê-los e aquilo que é caro para eles

C. Tende em vós aquele sentimento que também havia em Cristo Jesus (v. 5)

1. Aqui está a chave para levar em consideração o apelo de Paulo
   a. Como abandonar a contenda e a vanglória
   b. Como estimar os outros melhor do que a nós mesmos
   c. Como cuidar mais das coisas dos outros do que das nossas próprias
2. A mente de Cristo vence a carnalidade
   a. Torna-nos humildes em lugar de odiosos
   b. Torna-nos dadivosos em lugar de cobiçosos
   c. Torna-nos altruístas em lugar de egoístas
3. Aprendemos acerca da mente de Cristo junto da cruz
   a. Ele deixou sua glória; como podemos buscar glória?
   b. Ele humilhou-se; como podemos ser orgulhosos?
   c. Ele se fez servo; como podemos cobiçar posições elevadas?
   d. Ele foi obediente até a morte; como podemos fazer menos?

III. Conclusão

A. A exaltação vem após a humilhação (v. 9-10)

B. Uma igreja humilde, carinhosa, será uma igreja unida

C. Uma igreja unida será eficiente no serviço cristão

ESCONDENDO-SE DE DEUS

Gênesis 3:8

I. Introdução

A. Um dos capítulos fundamentais na Bíblia

1. Registra a tentação e a queda (v. 1-6)
2. Promete redenção (v. 15)

B. Deus passeia no jardim ao entardecer

1. É tempo para uma comunhão agradável com Ele
2. Adão e Eva foram para o esconderijo

C. As pessoas ainda estão se escondendo de Deus

II. Corpo do Sermão

A. Alguns escondem-se de Deus no tempo de seu inquérito

1. "Onde estás?"
2. Deus sempre está procurando os pecadores
    a. Jesus veio buscar e salvar o perdido (Luc. 19:10)
    b. A convicção de pecado é evidência de que Deus está buscando
    c. Quando Deus fala através da sua Palavra, mostra que Ele está buscando
    d. Algumas vezes Ele busca através das provações
    e. Algumas vezes Ele busca através dos pregadores
    f. Algumas vezes Ele busca através de amigos queridos
3. Esconder-se de Deus é inútil(Salmo 139)

A. Não há lugar para se esconder dele.

    b. Mesmo as trevas não podem nos esconder (v. 11-12)

B. Alguns escondem-se de Deus no tempo de seu convite

1. "Vós não quereis vir a mim para terdes vida" (João 5:40)
2. O mais difícil ocultamento de entender
3. O convite de Nosso Senhor é extensivo a todos
    a. A verdade terna de João 3:16
    b. A compaixão da cruz
4. O s convites graciosos do Senhor

a. "Vinde a mim" (Mat. 11:28)
b. O último convite da Bíblia: "Vem" (Apoc. 22:17)
5. Adão e Eva escondendo-se entre as árvores
6. Árvores atrás das quais hoje as pessoas se escondem
a. Agendas cheias; hipocrisia; outras desculpas
b.Com o tempo nada muda (Luc. 14:16-24)

C. Alguns se esconderão de Deus no tempo de seu julgamento (Apoc. 6:16)
1. O julgamento realizado pelo Cordeiro
a. Que estranho, um Cordeiro irado!
b. O Cordeiro morto na cruz
2. Jesus é o Cordeiro
a. Ele veio para tirar o pecado do mundo
b . Ele veio para libertar-nos da ira (João 3:36)
3. Identificando os que estão tentando esconder-se
a. Os reis da terra (a posição não faz diferença)
b. Capitães superiores e homens poderosos (o poder não protege)
c. Todos, tanto os livres como os escravos (riquezas não salvam)

III. Conclusão

A. A segurança consiste em esconder-se em Cristo agora
1. "Escondido com Cristo em Deus (Col. 3:1-3)
2. Ninguém pode esconder-se dele, mas pode esconder-se nele

B. Responda ao chamado de Deus e saia do esconderijo

C. Venha para Ele e sê salvo

QUE É ISSO QUE FIZESTE?

Gênesis 3:13

I. Introdução

A. A primeira e única pergunta que Deus já fez a uma mulher
   1. Após ela ter comido do fruto proibido
   2. Após ela ter partilhado seu pecado com seu marido

B. Considerando a pergunta de Deus investigando Eva

II. Corpo do Sermão

A. Uma pergunta acerca do assunto mais sério da vida
   1. O assunto é o pecado
   2. A advertência original de Deus: a morte
      a. Veio quando eles estavam num meio ambiente perfeito
      b. Veio quando eles desfrutavam comunhão perfeita
      c. Tudo o mais no jardim era para eles
   3. Testemunhos atuais da veracidade da advertência de Deus
      a. Cada sirene e cada hospital
      b. Cada funeral e cada cemitério
      c. Cada sinal de idade avançada
      d. Cada crime e ato de violência
   4. Eva precisou conhecer a seriedade do ato dela
   5. A pergunta de Deus conduz à ênfase que Ele deu

B. É uma pergunta que apela para arrependimento
   1. "Que é isso que fizeste?"
      a. É uma pergunta específica
      b. É uma pergunta evidente
      c. É uma pergunta séria
      d. É uma pergunta que exige uma investigação pessoal
   2. As perguntas de Deus não são para condenar, mas para persuadir
   3. Convicção de pecado gera arrependimento
      a. Arrependimento começa com consciência de pecado
      b. Arrependimento é uma mudança de atitude acerca do pecado

4. Como você responderia à pergunta de Deus para Eva
    a. O que é isso que fizeste?
    b. O que gera convicção no seu coração?
    c. O que você precisa confessar e abandonar?
5. Mude de seus pecados para Cristo
6. Deus não quer que ninguém pereça (II Pe. 3:9)

C. É uma pergunta que precede a promessa de redenção
1. Esmagando a cabeça da serpente (v. 15)
    a. Essa é a primeira promessa de redenção
    b. Cristo esmagou a cabeça da serpente na cruz
    c. A redenção tornou-se possível para você e para mim
2. À semelhança de Eva, somos todos pecadores (Rom. 3:23)
    a. Todos nós temos feito coisas das quais nos arrependemos
    b. Todos nós temos transgredido as leis de Deus
    c. Nenhum de nós é justo
3. Deus oferece perdão e vida eterna aos pecadores
4. Seja o que for que você tenha feito, Deus te ama
    a. Leve teus pecados até Ele
    b. Deposite nele tua fé(Rom.5:1)
    c. Sua graça é suficiente para salvar

III. Conclusão

A. Ouça novamente a pergunta de Deus: "Que é isso que fizeste?"

B. Responda ao convite amoroso de Deus e nasça de novo (João 3:16)

SOFRIMENTO AGORA... GLÓRIA DEPOIS

Rom. 8:18

I. Introdução

A. Riquezas em Romanos oito

1. Um capítulo de esperança, conforto, fortalecimento, antecipação
2. Começa com duas palavras maravilhosas: "NENHUMA CONDENAÇÃO"

B. Coisas boas para aqueles que não são condenados

1. Eles são filhos de Deus (v. 14-15)
2. Eles são co-herdeiros com Cristo(v.17)
3. Eles vão ser glorificados com Cristo (v. 17)
4. Todas as coisas operam juntamente para o bem deles (v. 28)
5. O plano de Deus é torna-los mais semelhantes a Jesus (v.29)
6. Eles nunca podem ser separados do amor de Deus (v.38-39)

C. Uma promessa especial para os crentes que sofrem

II. Corpo do Sermão

A. Há sofrimento agora

1. Todos passam por algum tipo de sofrimento
2. Cada hospital proclama: "Há sofrimento agora."
3. Cada sirene acrescenta seu gemido dentro da noite
4. Sofrimento tanto físico quanto emocional
   a. Algum sofrimento é causado em nós por outros
   b. A vezes nós mesmos trazemos sofrimento sobre nós
5. O apóstolo Paulo sabia o que era sofrer
   a. Ele passou fome
   b. Ele esteve em tempestades e naufrágios
   c. Ele foi açoitado e apedrejado por sua fé
   d. Ele sofria de "um espinho na carne"
6. Os sofrimentos de Jesus por nós todos

B. Haverá glória depois

1. O melhor ainda está por vir

2. "Vou preparar-vos lugar" (João 14:1-3)
3. Partir e estar com Cristo é muito melhor (Filip. 1:21-23)
4. Algumas coisas sobre o céu
   a. Um lugar de música (Apoc.5:9)
   b. Um lugar de louvor (Apoc.7:9-12)
   c. Um lugar de culto (Apoc. 7:13-15)
   d. Um lugar de consolação (Apoc. 7:16-17)
   e. Um lugar de descanso (Apoc. 14:13)
   f. Um lugar de alegria (Apoc. 19:7)
   g. Ali não há enfermidade, dor ou morte (Apoc. 21:1-6)

C. O sofrimento de agora não pode ser comparado com a glória posterior
1. O arrebatamento da igreja está na dianteira (I Tess. 4:13-18)
2. Recompensas logo virão (Apoc. 22:12)
3. O Reino de Cristo aproxima-se (Apoc. 19)
4. O sofrimento terreno é apenas por um momento
5. A glória é pela eternidade

III. Conclusão

A. Está você sofrendo agora?
B. Poderia teu sofrimento ter por objetivo levá-lo a Jesus?
C. Cristo irá ao teu encontro em teu sofrimento
D. Receba-o pela fé e fique certo da glória posterior

O SALÁRIO DO PREGADOR E BENEFÍCIOS ADICIONAIS

I Cor.9:1-18

I. Introdução

A. Dinheiro é sempre um assunto delicado

1. Isso é verdade, especialmente na igreja
2. Alguns pensam que nunca deveria ser mencionado
3. O apóstolo Paulo doutrinou os crentes acerca do dinheiro
    a. Contribuindo regular e sistematicamente (I Cor. 16:2)
    b. Dar como o Senhor Jesus se deu (II Cor.8:9)
    c. Contribuir com alegria (II Cor. 9:7)
    d. Prover as necessidades do pregador (I Cor. 9)

B. Por que um pregador deve ser sustentado?

II. Corpo do Sermão

A. Base bíblica do sustento do pregador (v. 1-14)

1. Perguntas lógicas acerca do sustento do pregador
    a. "Não temos o direito de deixar de trabalhar?" (secularmente) (v. 6)
    b. "Quem vai à guerra à sua própria custa?" (v. 7)
    c. "Quem planta uma vinha e não come do seu fruto?" (v .7)
    d. "Quem apascenta um rebanho e não bebe do seu leite?" (v. 7)
2. Lições da lei de Moisés acerca do sustento do pregador
    a. "Não atarás a boca do boi quando debulha" (v. 9)
    b. "Aquele que lavra deve esperar uma colheita" (v. 10)
    c. "Aquele que colhe deve participar do fruto" (v. 10)
    d. Os servidores no templo recebiam parte das ofertas (v. 13)
3. Semeadura espiritual gera colheita material (v. 11)
4. Aqueles que pregam o evangelho devem por ele ser sustentados (v. 14)

B. O sustento do pregador nunca deveria afetar sua pregação (v. 12-16)

1. Paulo e seus colaboradores frequentemente ficaram sem sustento
   a. Eles mereciam o sustento, mas não o receberam
   b. Isso não os impediu de pregar
2. De modo nenhum permitiram "obstáculo" ao evangelho
   a. Doadores ricos não foram favorecidos
   b. Os assuntos dos sermões não foram afetados
   c. O evangelho não foi comprometido
   d. Com ou sem sustento eles pregaram o evangelho
3. A vontade de Deus deve ser executada independentemente de sustento
   a. O dinheiro não deve influenciar o pregador
   b. Deus provê para seus servos

C. O sustento do pregador está providenciado (v. 17-19)
1. Há recompensas aguardando os fiéis pregadores do evangelho
   a. Mesmo que não haja sustento nesta vida
   b. Deus recompensará seus servos
2. O plano de Deus requer que seus servos sejam sustentados
   a. Se não forem sustentados, Ele os recompensará
   b. Sustento de alguma forma agora, e recompensas em dias vindouros
3. Recompensas antecipadas de Paulo
   a. A coroa de alegria (= seus convertidos) (I Tess. 2:19)
   b. A coroa da justiça (II Tim. 4:8)
4. "O bem realizado está!" de Nosso Senhor será a recompensa suficiente

III. Conclusão

A. O plano de Deus é para a igreja sustentar seu pregador
1. Fazendo assim, ambos participam das recompensas de Deus
2. Fazendo assim, a igreja libera-o para sua tarefa maior

B. Os pregadores devem pregar o evangelho
1. Idealmente, com o sustento das igrejas
2. Se não, com a confiança de que o Senhor proverá

EU SOU O PÃO DA VIDA

COMEÇA A SÉRIE "EU SOU" *João 6:35*

I. Introdução

A. Apresentando a série "Eu sou"

1. Moisés e a revelação do EU SOU (Ex. 3:14)
2. Jesus surpreende seus ouvintes
    a. "Antes que Abraão existisse, eu sou."(João 8:58)
    b. Então seus inimigos quiseram apedrejá-lo

B. As oito declarações de Jesus "Eu sou"

1. Sete no evangelho de João
2. Uma no livro de Apocalipse

C. A primeira declaração "Eu sou: Eu sou o Pão da Vida"

1. O que essa declaração significa?
2. Como ela aplica-se a nós hoje?

II. Corpo do Sermão

A. Jesus é a fonte da vida

1. "Todas as coisas foram feitas por intermédio dele (João 1:3)
    a. Todas as plantas e vida animal
    b. Todas as vidas humanas (Gen. 1:26-31)
    c. "Nele estava a vida" (João 1:4)
2. A consideração elevada pela vida na Bíblia
3. O desvio atual dessa posição
    a. Aborto: terminando a vida antes do tempo de Deus para o nascimento
    b. Eutanásia: terminando a vida antes do tempo de Deus para a morte
4. A vida provém do Senhor e deveria ser sagrada

B. Jesus é o sustentador da vida

1. O pão (alimento) é vital para manter a vida
    a. Ninguém é forte suficientemente para uma vida longa sem

alimento

b. Quando o alimento esgota-se, a vida termina logo

c. Vítimas da falta de apetite morrem porque se recusam comer

2. Deus provê o alimento para a vida

a. O maná foi dado para o povo de Israel, no deserto

b. Elias foi sustentado por uma viúva durante uma fome

3. Jesus concede e sustenta com a vida eterna

a. Nascido em Belém, o "lugar de pão" (Miq. 5:2)

b. O pão da Ceia do Senhor simboliza seu corpo partido (I Cor.11:23-24)

4. Como receber esse pão da vida

a. "Aquele que vem a mim"

b. Todo aquele que vem a Ele recebe salvação

C. Jesus dá satisfação à vida

1. "Nunca terá fome"

2. Cristo satisfaz todos os anelos interiores

a. Todas as outras fontes falham para satisfazer

b. Riqueza, fama e sucesso falham

3. Jesus também satisfaz a sede interior (nunca terá sede)

a. O desejo interior direciona alguns para o álcool e outras drogas

b. A sede interior envia alguns para a concupiscência e avareza

c. Nada disso satisfaz

4. Satisfação verdadeira é encontrada somente em Jesus

III. Conclusão

A. Vendo e crendo

1. É fácil de entender

2. Não exige cerimônias religiosas complicadas

B. Venha para Cristo e tenha vida

EU SOU A LUZ DO MUNDO

SÉRIE "EU SOU" *João8:1-12*

I. Introdução

A. A série "Eu sou"

1. Jesus revela-se como o eterno Filho de Deus
2. As declarações "EU SOU" ajudam-nos a entendê-lo

B. A Luz do Mundo

1. O que essa declaração "EU SOU" significa?
2. O que ela tem a ver com você e comigo?

II. Corpo do Sermão

A. Luz traz uma percepção de nossas necessidades (v. 1-9)

1. "Então" (v. 12) refere-se à experiência prévia
2. A mulher apanhada em adultério
3. Todos os olhares focalizados sobre a mulher culpada
4. Os fariseus tentavam apanhar Jesus entre a lei e a graça
   a. Ele disse que tinha vindo para cumprir a lei
   b. Ele também era amigo de pecadores
   c. A lei exigia a morte para adultério
   d. O que Jesus deveria fazer?
5. Jesus abaixou-se e escrevia no chão
   a. A lei tinha sido escrita por Moisés, na pedra
   b. Talvez Jesus escreveu os Dez Mandamentos na areia
   c. A lei faz-nos ficar face a face com nossos pecados
6. Os fariseus ficaram agora conscientes de seus pecados
   a. "Que seja... o primeiro a lhe atirar pedra"
   b. Expostos à luz, todos retiraram-se

B. Luz traz esperança para o desesperado (v. 10)

1. A mulher era culpada, sem esperança
2. Agora ela teria esperança, perdão
   a. "Onde estão aqueles teus acusadores?"
   b. "Nem eu te condeno"
3. Há luz para todos na escuridão

a. A aurora lá do alto (Luc. 1:78)
b. Uma luz para os que não são judeus (Luc. 2:32)
c. A luz era a vida dos homens (João1:4-6)
4. O sofrimento de Jesus por um mundo perdido
a. A palavra "mundo" aparece 77 vezes no Ev. de João
b. Centralizada em João 3:16
5. A adúltera merecia a morte, mas recebeu vida
6. Ela merecia ser condenada, mas recebeu perdão
C. A Luz concede direção para os libertados (v. 11-12)
1. "Vá, e não peque mais"
2. "Não andará em trevas, mas terá a luz da vida"
3. Estas são as direções para os perdoados
a. Salvação é apenas o começo (Ef. 2:8-10)
b. Nunca mais andaremos nas trevas
c. Andaremos em novidade de vida (Rom. 6:4)

III. Conclusão

A. O Salvador sem pecado traz luz e vida aos pecadores
B. Saia das trevas para a Luz do Mundo
C. Ele te capacitará para andar na sua Luz

EU SOU A PORTA

SÉRIE "EU SOU" *João 10:7-10*

I. Introdução

A. Jesus ensinou grandes verdades espirituais de maneira simples

1. Eu sou o pão da vida
2. Eu sou a luz do mundo

B. Quão claramente Ele explanou os assuntos profundos de Deus

1. "Eu sou a porta das ovelhas" (v. 7)
2. Uma mensagem simples de salvação para os pecadores

II. Corpo do Sermão

A. Cristo é a Porta (v. 7)

1. Uma porta serve para sair e entrar
2. Cristo é a porta para o perdão
   a. Aqueles que nele confiam saem da condenação (João 3:18)
   b .Aqueles que nele confiam entram na justificação (Rom. 5:1)
3. Cristo é a porta da vida
   a. Aqueles que nele confiam saem da morte espiritual (Ef. 2:1)
   b. Aqueles que nele confiam entram numa vida nova (II-Cor.5:17)
4. Cristo é a porta para o céu
   a. Os que nele confiam saem do caminho do inferno (João 3:36)
   b. Os que nele confiam entram na vida eterna (João 5:24)
5. Você já entrou na vida eterna?
   a. A vida eterna é uma possessão presente (I João 5:12)
   b. Podemos saber que temos a vida eterna agora (I João 5:13)

B. Cristo é a única porta (v.8)

1. Não há outra porta para perdão
2. Não há outra porta para a vida nova
3. Não há outra porta para o céu
4. Não há outra porta para a vida eterna
5. Muitos tentam encontrar outras portas

a. Portas religiosas: batismo, Ceia do Senhor, ser membro de igreja
b. Portas financeiras: ofertas para igrejas ou caridades
c. Portas de mérito pessoal: boas obras, honestidade etc.
d. Portas das seitas: falsos Cristos (v. 8), doutrinas falsas

6. Tudo isso falha: somente Cristo é a porta (At .4:12)

C. Cristo é a Porta para todo aquele que crê (v. 9)

1. "Se alguém entrar por mim"
a. O convite está aberto a todos
b. Outra maneira de dizer "para todo aquele" (João 3:16; Rom. 10:13)

2. Essa porta abre-se para todos que desejam entrar
a. Abre-se para todos os pecadores (Rom. 3:23; 5:8)
b. Abre-se para todos que vêm a Jesus (João 6:37)
c. Abre-se para todas as raças (Rom. 10:12)

3. Aqueles que entram por essa porta encontram salvação
a. "Serão salvos"
b. Nenhuma dúvida a esse respeito

4. Aqueles que entram por essa porta estão no aprisco

5. Aqueles que entram por essa porta ficarão satisfeitos, "acharão pastos"

III. Conclusão

A. Rejeite todas as portas rotuladas falsamente
B. Venha para Cristo como você está, um pecador
C. Cristo espera você: não demore!

EU SOU O BOM PASTOR

SÉRIE "EU SOU" *João 10:11*

I. Introdução

A. A mais meiga de todas as declarações: "Eu sou"

1. Como o Pão da Vida, Ele satisfaz
2. Como a Luz do Mundo, Ele santifica
3 .Como a Porta, Ele salva
4. Como o Bom Pastor, revela quem é Ele

B. Procurando conhecer o Bom Pastor

II. Corpo do Sermão

A. Como o Bom Pastor, Jesus revela seu caráter

1. Os profetas identificaram o Senhor como o bom pastor
   a. Davi: "O Senhor é meu pastor" (Salmo 23)
   b. Isaías: "Como um pastor Ele apascentará seu rebanho" (40:11)
   c. Ezequiel: "Eu buscarei as minhas ovelhas" (34:11-16)

2. O "Bom Pastor
   a. O Senhor é bom (Naum 1:7)
   b. Há somente um que é bom (Marcos 10:17-18)
   c. Daí, isso revela a divindade de Cristo

3. Três títulos de Cristo como pastor no N.T.
   a. O Bom Pastor dá a sua vida pelas ovelhas (João 10:11)
   b. O grande Pastor ressurreto pelas suas ovelhas (Hebr. 13:20)
   c. O sumo Pastor retornando pelas suas ovelhas (I Pedro 5:4)

4. Podemos conhecer esse bom Pastor por experiência pessoal

B. Como o Bom Pastor, Jesus revela seu cuidado

1. O bom Pastor conversa com suas ovelhas (v. 3)
2. O bom Pastor chama suas ovelhas pelo nome (v. 3)
3. O bom Pastor conduz suas ovelhas (v. 3)
4. O bom Pastor dirige suas ovelhas (v. 4)
5. O bom Pastor protege suas ovelhas (v. 12)
6. O bom Pastor permanece com suas ovelhas (v. 13)

7. O bom Pastor dá vida eterna para suas ovelhas (v. 27-29)

C. Como o Bom Pastor, Jesus revela sua cruz

1. Dando sua vida pelas suas ovelhas (v. 15)
   a. Aqui está implícita a cruz com todo o seu sofrimento
   b. Morrendo voluntariamente por suas ovelhas
2. Provendo salvação para todas suas ovelhas
   a. Salvação para as "outras ovelhas" (= não judeus) (v.16)
   b. Tanto judeus como não judeus precisam de salvação
   c. Judeus e não judeus podem ser salvos (Rom. 10:12-13)
3. Vencendo a morte por suas ovelhas (v. 17-18)
   a. A cruz estava no plano de Deus, o Pai
   b. "Ninguém a tira de mim" (v. 18)
   c. "Tenho poder para retomá-la" (Ressurreição)(v. 18)
4. Ele dá vida eterna para suas ovelhas (v. 28)
5. Dando segurança de salvação para suas ovelhas (v. 28)
6. Garantindo o futuro para suas ovelhas (v. 28)

III. Conclusão

A. Você conhece o Bom Pastor por experiência pessoal?

B. Você duvida que Ele te ama realmente?

1. Considere a cruz
2. Pare de duvidar do amor dele

C. Venha para o Bom Pastor pela fé, hoje

EU SOU A RESSURREIÇÃO E A VIDA

SÉRIE "EU SOU" *João 11:25-26*

I. Introdução

A. Quem é Jesus Cristo?

1. Permita que Ele responda à pergunta
    a. Eu sou o pão da vida (João 6:35)
    b. Eu sou a luz do mundo (João 8:12)
    c .Eu sou a porta (João 10:9)
    d. Eu sou o bom Pastor (João 10:11)
2. Restam ainda quatro declarações "EU SOU"

B. A Ressurreição e a Vida

1. O que podemos aprender dessa declaração surpreendente?
2. Como podemos aplicá-la a nossas vidas?

II. Corpo do Sermão

A. Jesus é a maior de todas as personalidades (v.25)

1. O que se deduz dessa cena enternecedora?
    a. A declaração de sua divindade: "Eu e meu Pai somos um" (João 10:30)
    b. Os inimigos de Jesus tentaram matá-lo
    c. Jesus ministrou além do Jordão, obtendo muitos convertidos
    d. Chegou-lhe uma mensagem de que Lázaro estava doente (11:1)
    e. Jesus esperou dois dias até partir para Betânia (11:6)
    f. Os discípulos ficaram sabendo que Lázaro morreu (v.14)
2. O sofrimento de Marta e a resposta do Senhor
    a. "Se tu estiveras aqui" (v. 21)
    b. "Teu irmão há de ressurgir" (v. 23)
3. As coisas sairão melhor do que Marta pensa
4. Jesus chega sempre na hora

B. Jesus detém o maior de todos os poderes (v.25)

1. "Ainda que morra, viverá"

2. Entenda-o literalmente, Marta!
   a. Marta vacilou ante a promessa anterior dele (v.23)
   b. Ela pensou que Jesus referiu-se à ressurreição futura
   c. Marta limita-se à promessa do Senhor
   d. Mesmo assim, a promessa de Jesus seria cumprida
3. Verdadeiramente, Lázaro ressurgiria na ressurreição
4. Todos os crentes ressurgirão no arrebatamento (I Tess. 4:13-18)
5. Lázaro ressurgiria também como o Senhor prometeu
6. Jesus tem o poder de ressuscitar mortos, o maior poder

C. Jesus prolonga a maior de todas as promessas (v. 26)
1. "Nunca morrerá"
2. A vida é curta quanto à sua duração
   a. De acordo com o salmista, 70-80 anos
   b. Atualmente, estamos dentro desse limite
3. Jesus promete vida durável: vida eterna
4. A vida eterna é melhor do que a de 70 ou 80 anos... ou 100 anos
5. Vida eterna é nossa através da fé em Cristo

III. Conclusão

A. Você conhece a maior pessoa?
B. Você está descansando no seu grande poder?
C. Você confia nas suas grandes promessas?
D. Neste momento você possui vida eterna?

EU SOU O CAMINHO, A VERDADE E A VIDA

SÉRIE "EU SOU" *João 14:6*

I. Introdução

A. Jesus prepara os discípulos para sua partida (cap. 13)

1. A última Páscoa antes de sua morte
2. O Lava-pés de seus discípulos
3. Partindo o pão juntos
4. Revelando sua traição iminente

B. A promessa do céu

1. "Não se turbe o vosso coração"
2. "Na casa de meu Pai há muitas moradas"
3. "Vou preparar um lugar para vocês"

C. "Eu Sou" para responder à pergunta de um discípulo

1. Como podemos saber o caminho?
2. Uma pergunta boa para todos

II. Corpo do Sermão

A. Jesus é o Caminho para o Céu.

1. Não, "mostrarei o caminho"

2.Não, "Aqui está o caminho"

3. Você não pode simplesmente seguir Jesus para o céu
   a. Ele foi batizado, mas você pode ter sido batizado e estar perdido
   b. Ele amou as pessoas, mas você pode amar as pessoas e estar perdido
   c. Ele foi um homem de oração, mas você pode orar e estar perdido

4. A salvação vem pela fé em Cristo
   a. "Todo aquele que nele crê (João 3:16)
   b. "Crê no Senhor Jesus Cristo" (At. 16:31)
   c. "Pela graça sois salvos, mediante a fé (Ef. 2:8)
   d. "Justificados ,pois, pela fé (Rom. 5:1)

B. Jesus é a fonte da verdade acerca do céu

1. Há muitos erros acerca do céu
   a. Alguns acham que o céu está aqui na terra
   b. Alguns pensam que somente 144.000 irão para o céu
   c. Alguns pensam que céu é um estado mental
2. Algumas verdades de Jesus acerca do céu
   a. Céu é um lugar (v .2)
   b .Céu é um lugar preparado (v. 2)
   c .Céu é um lugar para onde os cristãos vão ao morrer (v. 3)
   d. Céu é para onde Jesus nos levará quando Ele voltar (v. 3)
3. Podemos confiar nas palavras que Jesus disse sobre o céu

C. Jesus é a Fonte de Vida que continua no Céu
1 "Eu sou a vida"
   a. "Nele estava a vida" (João 1:4)
   b. "Eu sou o pão da vida"(João 6:35)
   c. "Eu sou a ressurreição e a vida" (João 11:25)
2. A vida é preciosa
   a. A perda dessa verdade atualmente
   b. Aborto provocado, suicídio assistido, eutanásia
   c. Cada momento de vida é inestimável
3. Somente Jesus provê vida que dura para sempre

III. Conclusão

A. Jesus é o único caminho para o céu
B. Jesus revela a verdade acerca do céu
C. Jesus dá vida que continua no céu
D. Venha pela fé a Jesus e fique certo do céu

EU SOU A VIDEIRA VERDADEIRA

SÉRIE "EU SOU" *João15:1-8*

I. Introdução

A. Quem é Jesus?
  1. É a pergunta que estamos fazendo na série "EU SOU"
  2. É a pergunta que Jesus respondeu aos seus discípulos

B. O que aprendemos das respostas de Jesus
  1. Jesus é o pão da vida e a luz do mundo
  2. Jesus é a porta do céu e o Bom Pastor
  3. Jesus é a ressurreição e a vida
  4. Jesus é o caminho, a verdade e a vida
  5. Agora aprendemos que Jesus é a videira verdadeira

C. A Videira verdadeira, o Agricultor e os Ramos

II. Corpo do Sermão

A. A Videira verdadeira (v. 1)
  1. "Eu sou a videira verdadeira"
  2. Outros usos de "verdadeiro(a)" na Bíblia
    a. A verdadeira luz (João 1:9)
      (1) Jesus comparado a João Batista
      (2) João trouxe testemunho acerca de Jesus
      (3) Os profetas e pregadores podem apenas refletir a luz dele
    b. O pão verdadeiro (João 6:32)
      (1) Jesus comparado ao maná
      (2) O maná proveu vida temporal
      (3) Jesus provê vida eterna
  3. A videira provê vida aos ramos
  4. Cristo é nossa fonte de vida (João 14:6)
  5. Cristo dá vida plena (João 10:10)

B. A Videira verdadeira em relação ao Pai (v. 1-3)
  1. "Meu Pai é o agricultor"
    a. O Pai é o fazendeiro
    b. O Pai espera fruto

2. O fruto do Espírito Santo (Gal.5:22-23)
    a. Interno: amor, alegria, paz
    b. Externo: longanimidade, benignidade, bondade, fé (fidelidade), mansidão, (gentileza), temperança (domínio próprio)
3. Fruto produzido em ganhar almas (Prov. 11:30)
4. O Pai poda sua parreira
    a. Alguns ramos são retirados (pela morte)
    b. Alguns ramos são limpos para produzirem mais
        (1) Limpos, podando o desnecessário
        (2) Limpos pela aplicação da Palavra de Deus (v. 3)

C. A Videira verdadeira em relação aos ramos (v .4-8)
1. "Vós sois os ramos" (v. 5)
2. Os ramos permitem a vida da videira tornar-se fruto
3. Para produzirmos fruto devemos permanecer em Cristo
    a. Permanecer em Cristo é manter comunhão com Ele
    b. Permanecer em Cristo é amá-lo
    c. Permanecer em Cristo é louvá-lo
    d. Permanecer em Cristo é ser fiel a Ele
4. Produzindo fruto, honramos nosso Senhor (v. 8)

III. Conclusão

A. Sem Cristo nada podemos fazer (v.5)

B. Com Cristo produzimos fruto e glorificamos nosso Pai.

EU SOU O ALFA E O ÔMEGA

TERMINA A SÉRIE "EU SOU" *Apoc. 1:8*

I. Introdução

A. A série "Eu Sou" começou com a chamada de Moisés (Ex. 3:13)

1. Moisés: "Que lhes direi?"
2. O Senhor: "Diga-lhes que 'EU SOU' me enviou a vós"

B. Jesus veio anunciando-se como o "Eu Sou"

1. "Antes que Abraão existisse, Eu Sou"
2. Aprendemos acerca de Jesus como o Eterno, em termos simples
   a. Pão, luz, a porta, o bom Pastor
   b. A ressurreição e a vida
   c. O caminho, a verdade, a vida, a videira verdadeira

C .Completando a série... no Apocalipse

II. Corpo do Sermão

A.O Alfa e o Ômega

1. O único completo, tudo que precisamos está nele
2. O Alfa e o Ômega são a primeira e a última letras do alfabeto grego
3. Cristo diz "Eu sou o A e o Z"
4. Cada desejo e necessidade podem ser expressos no alfabeto
5. Grandes autores e suas obras
   a. Todos usaram apenas as letras do alfabeto
   b. Drama, romance, história, sonhos do futuro
6. O que pode ser mais expressivo do que o alfabeto?
   a. O amante faz dele o veículo do amor
   b. O poeta expressa em canção ideias inesquecíveis
7. Teu problema é: pe-ca-do, me-do, dú-vi-da?
8. Se puder soletrá-lo, pode contá-lo a Jesus
9. Outra maneira de dizer: "Cristo é tudo" (Col. 3:11)

B. O começo e o fim

1. O Criador e o juiz

2. Nosso Senhor é o grande iniciador e complementador
   a. Criação completada (Gen. 2:1)
      (1) Trazendo ordem dentro do caos.
      (2) Criando plantas e animais
      (3) Criando Adão e Eva
   b. Redenção completada (João 19:30)
      (1) Profecias acerca do advento do Redentor
      (2) O nascimento de Jesus em Belém
      (3) O ministério de Jesus
      (4)A morte e ressurreição de Jesus
   c. Alguns acabamentos aguardam seu retorno
3. Jesus também completa sua obra em nossas vidas (Filip.1:6)
   a. A salvação é apenas o começo
   b. Ele ainda não terminou a obra conosco (Ef. 2:10)

C .Aquele que há de vir

1. "Aquele que é, e que era, e que há de vir"
2. Aquele que morreu e ressuscitou voltará
3. O que acontecerá quando Ele voltar?
   a. Os mortos em Cristo ressuscitarão (I Tess. 4:13-16)
   b. Os crentes vivos serão arrebatados (I Tess. 4:17)
   c. Os incrédulos serão deixados para a Tribulação
4. Você está olhando para aquele que há de vir?

III. Conclusão

A. Temos aprendido acerca do Salvador amoroso e Todo-poderoso

B. Você o conhece por experiência pessoal?

C. Venha para Ele e encontre nele tudo o que você precisa

O AMOR É O MAIOR

I Cor. 13:13

I .Introdução

A. O amor está no plano de Deus.

1. "Há um tempo para amar"(Ecl. 3:8)
2. O amor é maior que a fé ou esperança (v. 13)

B. O maior assunto na Bíblia

1. Um assunto que afeta todas as pessoas.
2. Um assunto que tem o poder de mudar a vida.
   a. Poder para mudar tua atitude.
   b. Poder para mudar teu casamento.

C. Poder para mudar tua igreja.

   d. Poder para mudar teu futuro.

II. Corpo do Sermão

A. O amor de Deus por nós (I João 4:10)

1. A maior notícia: Deus nos ama!
2. A Bíblia é a carta do amor de Deus para todos.
3. Deus nos amou, apesar de sermos pecadores (Rom. 5:8)
4. Deus nos amou quando não o amávamos (v. 10)
5. O amor de Deus enviou Jesus para a cruz (João 3:16)
6. Nunca seremos separados do amor de Deus (Rom. 8:38-39)

B. O amor de Deus em nossos corações (Rom. 5:5)

1. "O amor de Deus está derramado em nossos corações"
2 .O amor de Deus deveria fluir de nós para outros.
   a. Jesus amou aqueles que têm dificuldade para amar.
   b. Os inimigos de Jesus criticaram-no por amar os pecadores.

3.Como reconhecer o amor de Cristo em nós (v .4-8)
   a. O amor é paciente e bondoso.
   b. O amor não é soberbo nem irado.
   c. O amor não é egoísta.

d. O amor está pronto para perdoar e não guarda rancores.
e. O amor destaca o que há de melhor nos outros.

C. O amor de Deus na Ceifa de Almas (I Cor. 13:1)
1. Devemos amar as pessoas perdidas.
2. Jesus nos convoca para ir com seu amor ao mundo perdido
a. "Vão e façam discípulos em todas as nações (Mat.28:18-20)
b. "Ser-me-eis testemunhas" (At.1:8)
3. Mesmo todos indo e testemunhando, sem amor seria infrutífero (13:1)
a. Pregação sem amor é apenas barulho
b. Testemunho sem amor é improdutivo
c. Ofertar sem amor é mau investimento
4. Missões com amor trazem resultados
a. O amor alcança mais pessoas do que a lógica
b. O amor alcança mais pessoas que a diplomacia
c. O amor alcança mais pessoas que a educação
d. O amor alcança mais pessoas do que bons argumentos
5. Devemos amar as pessoas como são
a. Foi assim que Jesus amou
b . Seu amor pôde torná-los o que deveriam ser

III. Conclusão

A. Quando você não se sentir amado
1. Considere a cruz
2. A cruz prova o amor de Deus por nós

B. Peça ao Cristo da cruz para você demonstrar esse amor aos outros

DEUS O TOMOU

Gen. 5:24

I. Introdução

A. Apresentação de um homem num obituário

1. Um homem cuja vida se destaca num capítulo sobre a morte
2. Uma raridade entre as genealogias

B. Enoque: o homem que não morreu (Hebr. 11:5)

1. "Deus o tomou" (transladado para não ver a morte)
2. Ele foi levado na força de sua vida
3. Ele foi tomado comparativamente jovem
4. Sua família deve ter ficado com saudade desse homem bom

C. O conforto da experiência de Enoque quando os queridos são levados pela morte

II. Corpo do Sermão

A. Sua reputação antes de ser levado

1. Ele andou com Deus
2. Ele agradou a Deus (Hebr. 11:5)

A .Ele foi um homem de fé.

b. Sua vida demonstrou sua fé

3. Ele foi um profeta (Judas 14)
   a. Ele profetizou a segunda vinda de Cristo
   b. Ele advertiu do julgamento iminente
   c. Ele pregou ousadamente contra o pecado
4. Os vizinhos de Enoque reconheceram-no como um homem de Deus

B. A Razão porque foi tomado

1. Podemos apenas especular
   a. Sabemos que viveu numa época difícil
   b. O mundo estava amadurecido para o julgamento
   c. Deus deve ter escolhido poupá-lo de maior sofrimento
2. Não podemos saber ao certo porque Enoque foi tomado
   a. Podemos ter certeza de que nosso Senhor o amava

b. Podemos ter certeza de que nosso Senhor conhece o futuro
c. Podemos estar certos de que nosso Senhor faz bem todas as coisas
3. Algumas coisas das quais os crentes são poupados na morte
a. De tristezas que estão adiante
b. Os estragos da enfermidade
c. As fraquezas da carne
4. Somente o Senhor conhece as razões pelas quais queridos são levados
5. Devemos deixar o mistério de sua vontade a Ele

C. Sua Residência após ter sido tomado
1. Enoque foi tomado para estar com o Senhor
2. O endereço de Enoque tornou-se o céu
3. Os cristãos são levados para o céu ao morrer
a. Vão para lá imediatamente(II Cor. 5:8)
b. Vão para as mansões prometidas (João 14:1-3)
c. Vão para um lugar que é muito melhor (Filip. 1:21-23)
4. Enoque não mais teve limitações humanas após ser tomado
5. O que Enoque pode ter visto
a. Coisas que aprendeu nas caminhadas com Deus
b. Coisas que ultrapassaram todos seus sonhos

III. Conclusão

A. Quando Deus tomou Enoque ele estava pronto para ir
B. Jesus fez o possível para todos estarem prontos a ir
C. Você está pronto?

QUEM ACREDITARÁ?

COMEÇA A SÉRIE "SOBRE A CRUZ" *Is.53:1-3*

I. Introdução

A. A profecia de Isaias que começa com duas perguntas
   1. "Quem deu crédito à nossa pregação?"
   2. "A quem se manifestou o braço do Senhor?"

B. Duas perguntas que apelam para a fé
   1. Quem acreditará por que a Palavra de Deus o declara?
   2. Quem acreditará, apesar das circunstâncias?

C. Por que as pessoas rejeitariam o Salvador por vir?

II. Corpo do Sermão

A. A Planta tenra (v. 2)
   1. "Crescerá perante ele como uma planta tenra"
   2. Uma profecia do Cristo por vir
   3. Que descrição de Jesus!
      a. O milagre da encarnação
      b. Sua entrada no mundo como um bebê (Luc. 2:1-20)
      c. Seu crescimento numa família (v. 40-52)
   4. A ternura sempre seria uma parte de sua vida
      a. Ele dispensou tempo para filhos menores
      b. Leprosos e outros excluídos aproximaram-se dele
      c. Ele acolhia o magoado, o triste, o pecador
   5. As lágrimas revelaram seu coração terno

B. A raiz brotando duma terra seca
   1. "Como raiz que sai duma terra seca"
   2. Israel parecia tão improvável para Ele nascer em seu meio
      a. Apedrejou os profetas e recusou sua mensagem
      b. Ficou sujeito ao Império Romano
      c. Tornou-se excluído entre as nações
      d. Entretanto, a Bíblia declara que de Israel sairia o Salvador
   3.Quando Jesus chegou, nasceu de pais pobres
   4. Veio de Nazaré

a. Mesmo os judeus tiveram dificuldade com isso
b. Nada de bom era esperado de Nazaré (João 1:46)
c. Nenhum profeta surgiu daquela região (João 7:52)
5 .Contudo, Jesus veio de Nazaré e foi o Salvador prometido
C. O Cristo feio
1. Uma descrição surpreendente de Cristo
2 "Não tinha formosura nem beleza" (majestade)
A. Nenhum ambiente excelente
b. Nenhuma pompa ou esplendor régios (Pulpit Commentary)
c. Os judeus estavam esperando um rei, não um servo
3. "Nenhuma beleza para que o desejássemos"
a. Nenhuma aparência bela em Cristo
b. Ainda nada sabemos de sua aparência física
4. Para entender este verso, examine o contexto anterior e posterior
a. Isso é uma cena da cruz (52:14 e 53:3-5)
b. Nenhuma formosura é vista na cruz
c. Os pregos, os espinhos, o sangue, o sofrimento
5. Na cruz Ele pagou por nossos pecados

III. Conclusão

A. Pode você olhar para o crucificado e crer?
1. Olhando para a cruz, vê você um Rei?
2. Olhando para seu sofrimento, vê você o Salvador?
B. O Salvador revelou seu plano de redenção a você?
C. Aceitará você hoje esse Salvador rejeitado?

O HOMEM DE DORES

SÉRIE "SOBRE A CRUZ" *Isaías 53:3-4*

I. Introdução

A. Dor é uma parte da vida

1. Quem não conheceu a dor?
2. A vida começa com um choro e termina com um suspiro

B. Cristo veio para levar nossas dores

1. Ele experimentou a dor
2. Ele é capaz para confortar os tristes

C. Analisando as dores de Cristo

II. Corpo do Sermão

A. A Dor da Rejeição (v.3)

1. "Era desprezado e rejeitado pelos homens" (v. 3)
2. A rejeição produz a mais profunda das dores
   a. Seu amor foi rejeitado
   b. Sua verdade foi rejeitada
   c. Seu reino foi rejeitado
3. Ele foi rejeitado por seu povo (João 1:11)
4. Ele foi rejeitado em sua terra natal (Mat.13:57-58)
5. Ele foi rejeitado por líderes religiosos (Fariseus)
6. Ele foi rejeitado pela multidão junto à cruz (Mat.27:39-43)
7. Você já sofreu a dor da rejeição?
8. Jesus sabe como você sofreu... e preocupa-se

B. O Homem de Sofrimento (v. 3)

1. Todos estão familiarizados com sofrimento
   a. As lágrimas são comum a todos nós
   b. O sofrimento dos sonhos despedaçados
   c. O sofrimento dos lares desfeitos
   d. O sofrimento pelos amados
   e. A tristeza pela perda de queridos na morte
2. Nosso Senhor era "experimentado nos sofrimentos" (v. 3)
   a. Ele não se isolava do sofrimento

b. Suas lágrimas junto ao túmulo de Lázaro (João 11:30)
c. Suas lágrimas por Jerusalém (Luc. 19:41-44)
3. Cristo compreende nossa dor
a. Podemos depor diante dele nossa dor maior
b. Ele aguarda junto ao trono da graça
c. Ele provê graça para ajudar em tempo oportuno (Hebr. 4:16)
d. Sua graça é suficiente para nossa dor (II Cor. 12:9)

C. Homem de Solidão (v.3)
1. "Era como se escondêssemos dele nossas faces"
2. Ele percorreu na solidão aquela via por você e por mim
a. Ele orou sozinho no Getsemani (Luc. 22:40-46)
b. Ao ser preso, seus discípulos abandonaram-no (Mat. 26:56)
c. Ele permaneceu só diante do sumo sacerdote (Luc. 22:63-71)
d. Ele foi processado sozinho diante do tribunal de Pilatos (Luc. 23)
e. Ele ficou desamparado, sozinho sobre a cruz (Mat. 27:46)
1. Ele nunca nos deixará sozinhos:
a. "Eis que estou convosco todos os dias (Mat. 28:20)
b. "Não vos deixarei órfãos" (João 14:18)
c. "Não te deixarei, nem te desampararei" (Hebr. 13:5)

III. Conclusão

A. Cristo levou nossas dores
B. Por que, então, deveríamos levá-las?
C. Aceite seu conforto para tuas dores
D. Partilhe essas notícias boas com os sofredores

FERIDAS, HEMATOMAS E PAZ

SÉRIE "SOBRE A CRUZ" *Is. 53:5*

I. Introdução

A. Talvez a Profecia da cruz mais comovente
1. Aqui o preço da redenção torna-se pessoal
2. Aqui está uma antecipação de João 3:16

B. Detalhes da morte de Cristo sobre a cruz que deveriam conduzir-nos à fé
1. Um texto no qual podemos escrever nossos nomes
2. Todo esse sofrimento foi por você e por mim

C. Seu sofrimento declara as profundezas do seu amor

II. Corpo do Sermão

A. Ferido por mim
1. "Ele foi ferido por causa das nossas transgressões"
2. Quem é esse que foi ferido?
   a. Aquele que foi transpassado (Zac. 12:10)
   b. Aquele que recebeu uma coroa de espinhos (Mat. 27:29)
   c. Aquele que foi pregado na cruz (João 20:25)
   d. Aquele que foi furado com a lança de um soldado (João 19:34)
3. Por que Ele foi ferido?
   a. "Pelas nossas transgressões"
   b. Ele nada fez para merecer a morte (Luc. 23:41)
   c. Suas feridas foram por causa do seu amor por você e por mim
4. Cristo foi nosso substituto
5. As feridas de Cristo foram profetizadas (Zac. 13:6)
6. As feridas de Cristo estavam no plano de Deus por nossa salvação
7. As feridas de Cristo foram por mim...

B. Esmagado por mim
1. "Ele foi esmagado por nossas iniquidades"

2. Avalie os ferimentos da cruz
   a. Ferimentos da coroa de espinhos
   b. Ferimentos dos pregos
   c. Ferimentos do balanço de ajuste da cruz
   d. Ferimentos da fixação do seu corpo contra a cruz
3. Outras considerações acerca dos ferimentos
   a. Aqui está o ferimento da cabeça da serpente (Gen. 3:15)
   b. Ele veio para libertar os oprimidos (Luc. 4:18)
4. Por que Cristo foi ferido?
   a. Por minhas transgressões
   b. Quão sérios são meus pecados!
   c. Que maravilhoso é seu amor!

C. Paz para mim
1. "O castigo da nossa paz estava sobre Ele"
2. Há um preço pela paz
3. Nossos pecados nos separaram de Deus
4. Éramos inimigos de Deus (Rom. 5:10)
   a. Essa inimizade foi desfeita na cruz (Ef. 2:13-17)
   b. A paz foi feita por nós na cruz (Col. 1:20)
5. Temos paz com Deus através da fé em Cristo (Rom. 5:1)

III. Conclusão

A. Ferimentos, hematomas e açoites
1. Tudo isso para nos restaurar
2. Morrer para o pecado e viver para a justiça (I Pe. 2:24)

B. Seu sofrimento e morte para a nossa paz
1. Tem você permanecido sozinho junto à cruz?
2. Tem você percebido Cristo ferido, esmagado e açoitado por você?

C. Como pode você demorar em responder ao amor do Calvário?

TRAZENDO DE VOLTA OS DESVIADOS

SÉRIE "SOBRE A CRUZ" *Isaías 53:6*

I. Introdução

A. Um texto que começa e termina com "todos"

B. Os grandes "todos" da Bíblia

1. "Porque todos pecaram" (Rom. 3:23)
2. "Quem se deu em redenção por todos" (I Tim. 2:6)
3. "A morte passou a todos os homens" (Rom.5:12)
4. "O sangue de Jesus, seu Filho, nos purifica de todos os pecados" (I João 1:7)

C. Como esse texto relaciona-se com todos nós

II. Corpo do Sermão

Todos estávamos extraviados

1. "Todos nós andávamos desgarrados como ovelhas"
2. A Queda no Éden afetou a todos
   a. Não há um justo sequer (Rom. 3:10)
   b. Todos pecaram e separaram-se de Deus (Rom. 3:23)
3. O pecado trouxe a morte (Gen. 3:3; Rom. 6:23)
   a. Morte espiritual (Ef. 2:1)
   b. Morte física (Hebr. 9:27)
4. Toda a criação foi afetada pela Queda (Rom. 8:22)
5. O pecado infligiu-nos sofrimento profundo
   a. Fora do amor de Deus não há esperança
   b. Reconhecidamente, Ele nos ama, portanto, há esperança (Rom. 5:8)

B. Todos foram pelo seu próprio caminho

1. "Cada um se desviava pelo seu caminho"
2. Escolhemos rebelar-nos contra Deus
   a. Rebelião contra suas leis
   b. Rebelião contra seu amor
   c. Rebelião contra sua divindade
   d. Rebelião contra sua graça

3. Rebelião contra Cristo, quando Ele veio salvar:
    a. "Não queremos que esse homem reine sobre nós" (Luc. 19:14)
    b. Tal atitude levou-o para a cruz
4. A rebelião continua hoje
    a. Alguns não receberão Cristo, nem serão salvos
    b. Mesmo alguns crentes escolhem seu próprio caminho

C. Cristo morreu para pagar a dívida do nosso pecado
1. "O Senhor fez cair sobre Ele a iniquidade de todos nós"
2. Jesus pagou-a completamente
    a. Ele pagou voluntariamente nossa dívida do pecado
    b. Ele tornou-se a propiciação pelos nossos pecados (I João 4:10)
    c. Ele tornou-se pecado por nós (II Cor. 5:21)
    d. Somos redimidos pelo seu sangue (I Pe. 1:18-20)
3. Nossa redenção pelo seu sangue é o tema do céu (Apoc. 1:5)
    a. É cântico celestial (Apoc. 5:9)
    b. Será a alegria dos santos e anjos (7:9-17)

III. Conclusão

A. Você aceita o fato de que é um pecador?

B. Você admite tua rebelião contra Deus?

C. Você aceita Jesus como aquele que levou teus pecados na cruz?

O SALVADOR SILENCIOSO

SÉRIE "SOBRE A CRUZ" *Is.53:7*

I. Introdução

A. Isaías mantém a sequência dos detalhes da Redenção

1. O Homem de dores, alguém desprezado (v. 3)
2. O Redentor oprimido, levando nossas dores (v. 4)
3. Aquele que foi ferido traz-nos a paz (v. 5)
4. Aquele que leva os pecados. das ovelhas extraviadas (v. 6)

B. O Caráter de Cristo

1. Sua disciplina sob opressão
2. Seu controle durante a pressão da cruz

C. O Silêncio de Cristo proclamou sua força

II. Corpo do Sermão

A. Cristo silenciou quando oprimido

1. Ele foi preso, embora inocente (Mat. 26:47-56)
   a. Vendido por Judas a trinta peças de prata
   b. Traído com um beijo
2. Foi acusado falsamente, mas manteve paz (Mat. 26:60-63)
3. Silenciou quando seus seguidores falharam com Ele

A .Eles deixaram-no e fugiram (Mat. 26:56)

   b. Pedro negou-o três vezes (Mat. 26:69-75)
4. A descrição posterior de Pedro do Salvador silencioso (I Pe .2:23)
   a. "Sendo injuriado, não injuriava"
   b. "Quando padecia, não ameaçava"
5. Ele silenciou diante de Pilatos (Mat. 27:14)
6. Compare seu silêncio ao nosso, quando oprimidos

B. Cristo silenciou quando afligido

1. Silenciou quando foi açoitado (Mat. 27:26)
2. Silenciou quando zombado pelos soldados (Mat. 27:29-35)
   a. A coroa de espinhos e o cetro de junco
   b. Ajoelhando-se diante dele, diziam: "Salve, rei dos judeus"

c. Cuspiram e bateram nele
d. Lançaram sortes sobre suas vestes
3. Silenciou quando zombado pela multidão (Mat. 27:39-44)
4. Descrição paulina do seu silêncio (Filip. 2:5-7)
a. "Ele abriu mão de todo que era seu"
b. "Ele humilhou-se"
c. "Tornou-se obediente até a morte"
5. Que exemplo para nós quando somos afligidos!

C. Cristo foi o Cordeiro Silencioso
1. "Como um cordeiro para o matadouro"
2. Isaías referiu-se ao Cordeiro da Páscoa (Ex. 12)
a. O cordeiro que trouxe libertação do Egito
b. O cordeiro que trouxe libertação da opressão
c. O cordeiro que resgatou-os das aflições
3. Isaías também profetizou acerca do Cordeiro de Deus
a. O Cordeiro que libertaria os que creem
b. O Cordeiro cujo sangue nos purificaria dos nossos pecados
4 .João Batista apresenta: "Eis o Cordeiro de Deus (João 1:29)

III. Conclusão

A. Está você impressionado pelo silêncio do Cordeiro?
B. Você virá pela fé para esse Cordeiro opresso e aflito?
C. O Salvador Silencioso convida-te para crer nele e ser por Ele libertado

DA CRUZ PARA O TRONO

TERMINA A SÉRIE "SOBRE A CRUZ" *Is. 53:8-12*

I. Introdução

A. A grande profecia de Isaías sobre a cruz

1. Neste capítulo, cada evento conduz ao Calvário

2. Toda dor e sofrimento da cruz está aqui

a. A rejeição do Redentor

b. As feridas de nosso Salvador

c. O sofrimento do grande Pastor

d. O silêncio do Cordeiro morto pelos pecadores

B .O registro comovente das personagens principais na crucificação (v. 8-9)

1. Os soldados e a crucificação

2. Os ímpios e o rico

a. Crucificado entre dois ladrões

b. O túmulo do rico José providenciado para Ele

II. Corpo do Sermão

A. A Ressurreição (v. 10)

1. A cruz estava no plano de Deus

a. Foi da vontade do Senhor oprimi-lo

b. Isso não foi um pensamento posterior de Deus

2. Sua alma tornou-se uma oferta pelo pecado

a. Considere todas as ofertas dos séculos

b. Elas constituíram-se tipos que prefiguravam a cruz futura

3. Uma profecia da ressurreição

a. "Prolongará os seus dias"

b. O prazer do Senhor: o cumprimento do plano de Deus

4. Aqui encontra-se o Evangelho (I Cor. 15:3-4)

5. A cruz e a ressurreição são as boas notícias de Deus

B. A Justificação (v. 11)

1 .Satisfação divina

a. A agonia da alma de Cristo

b. Seu sofrimento e morte suficientes
c. A dívida do pecado foi paga na cruz
2. Deus podia ser justo e justificador (Rom. 3:24-26
3. O brado da cruz: "Está consumado" (João 19:30)
a. A redenção estava completa
b. Justificação para todo o que crê (Rom.3:26)
c. Justificação pela fé traz paz com Deus (5:1)

C. Intercessão (v. 12)
1. Da cruz para o reino
a. "Esvaziou-se a si mesmo"(Filip. 2:7)
b. "Obediente até a morte de cruz" (Filip. 2:8)
c. "Deus o exaltou" (Filip. 2:9)
d. Seu nome está acima de todo o nome (2:9)
e. Todo joelho se dobrará perante Ele (2:10)
2. Cristo intercedeu pelos pecadores na cruz
a. "Pelos pecadores intercedeu" (v.12)
b. " Pai, perdoa-lhes" (Luc. 23:34)
3. A intercessão de Cristo hoje:
a. "E também intercede por nós" (Rom.8 :34)
b. "Vive sempre para interceder por eles" (Hebr. 7:25)
c. "Temos um advogado para com o Pai" (I João 2:1)

III. Conclusão

A. Cristo morreu: a dívida está paga
B. Cristo ressurgiu: é capaz de salvar
C. Cristo intercede: Ele nos representa diante do trono

ABRIL

O PODER DA RESSURREIÇÃO

COMEÇA A SÉRIE "SOBRE A RESSURREIÇÃO" *(Luc. 2 4:1-12)*

I. Introdução

- A. Um Dia de notícias boas
    - 1. O dia da ressurreição de Cristo
    - 2. Sem a ressurreição não há notícias boas
- B. Os eventos da cruz e posteriores
    - 1. As promessas aos discípulos no Cenáculo
    - 2. A traição por Judas e o julgamento diante Pilatos
    - 3. A crucificação e as sete últimas palavras
    - 4. O desespero daqueles que vieram ao túmulo (v. 1)
- C. Seguiu-se a Ressurreição
- D. Que poder!

II. Corpo do Sermão

- A. O Poder da Ressurreição é o poder de Deus (v. 2-3)
    - 1. A pedra foi revolvida
    - 2. O corpo de Cristo não foi achado
    - 3. A era atual é a era do poder
        - a. Automóveis, aviões, naves espaciais
        - b. O poder do conhecimento: científico-militar
        - c. Poder nuclear: uso nacional e destrutivo
    - 4. O poder da ressurreição é o maior de todos
        - a. O poder de restaurar vida
        - b. O que pode fazer a ciência num cemitério?
    - 5. O poder da Trindade envolvido na Ressurreição
        - a. O poder do Filho (João 10:17-18)
        - b. O poder do Pai (Ef.1:18-20)
        - c. O poder do Espírito Santo (Rom.1:4)
- B. O Poder da Ressurreição é um Poder Extraordinário (v. 4-11)
    - 1. Aqui está o poder para salvar a alma "Maravilhosa Graça"

(H.C.C. 193)

2. Não há esperança fora da Ressurreição (I Cor. 15:13-20)
3. O poder de Cristo para salvar
   a. Sua vida: a perfeição necessária para salvar
   b. Sua morte: o pagamento necessário para salvar
   c. Sua ressurreição: o poder necessário para salvar
4. "Por que buscais entre os mortos aquele que vive?"
   a. Todos fomos espiritualmente mortos (Ef. 2:1)
   b. Todos podem vir a Cristo e serem vivificados
   c. Não há para Ele nada demasiado difícil (Hebr. 7:25)
   d. Venha a Cristo pela fé e encontre vida

C. O Poder da Ressurreição é um poder disponível (v.12)

1. O poder não disponível torna-se inútil
   a. A energia elétrica deve chegar às casas e fábricas
   b. O poder deve ser transmitido para ser utilizado
2. Deus tornou disponível a nós o poder da ressurreição
   a. Você sente-se tentado? Clame pelo poder da ressurreição
   b. Você está deprimido? Clame pelo poder da ressurreição
   c. Você foi derrotado? Clame pelo poder da ressurreição
3. Não abandone a salvação pelo medo de não poder viver como crente
   a. Nosso Senhor ressurreto guardará aqueles que Ele salva
   b. O poder da ressurreição torna isso possível
4. Até o Pedro derrotado encontrou esperança junto ao túmulo vazio

III. Conclusão

A. Confie naquele que tem o poder da ressurreição para te salvar

B. Clame pelo poder da ressurreição para por Ele viver

EXPERIÊNCIAS JUNTO AO TÚMULO VAZIO

SÉRIE "SOBRE A RESSURREIÇÃO" *Mat. 28:1-10*

I. Introdução

A. As vitórias supostas junto à cruz

1. Os sacerdotes: livres daquele que falou com autoridade
2. Os fariseus: livres daquele que repreendeu a hipocrisia deles
3. Os políticos: livres daquele que causou esse tumulto

B. Vitória certa da Ressurreição

1. A promessa da Ressurreição foi cumprida (João 2:19)
2. A divindade de Cristo foi confirmada (Rom. 1:4)
3. O túmulo vazio permanece o maior milagre de todos os tempos

C. O que o túmulo vazio significou para aqueles que lá estavam

II. Corpo do Sermão

A. O Anjo junto ao túmulo vazio (v.1-3)

1. As mulheres vindo realizar o trabalho de agentes funerários
   a. Elas eram sinceras, mas duvidaram da promessa de Cristo
   b. Elas esperavam que Ele estivesse no túmulo
2. Os eventos do terremoto antecederam essas mulheres
   a. Houve um grande terremoto
   b. O anjo do Senhor desceu
   c. O anjo deslocou a pedra da porta
   d. O anjo sentou-se sobre a pedra
3. Os anjos e o arrebatamento futuro (I Tess. 4:13-18)
   a. A voz do arcanjo
   b. A trombeta de Deus.
   c. Túmulos vazios e crentes arrebatados
   d. O Senhor conhece o local de cada túmulo
4. O anjo sentado sobre a pedra mostra que Cristo venceu a morte

B. Ansiedade junto ao túmulo vazio (v. 4-5)

1. Soldados romanos guardavam o túmulo (Mat. 27:62-66)

   a. Os sacerdotes e fariseus temiam a popularidade de Cristo
   b. Pilatos designou uma guarda para proteger o túmulo
2. Os soldados e o anjo do Senhor
   a. Começaram a tremer quando viram o anjo
   b. Desmaiaram (ficaram como mortos)
3. Os soldados tinham boas razões para tremer
   a. Teriam de dar um relatório aos superiores
   b. Reconheceram agora que Cristo era o Filho de Deus
   c. Estiveram equivocados na sua rejeição
4. Tem você rejeitado a Cristo?
5. Algum dia você estará face a face com a realidade
6. Estranhamente, as mulheres também temeram

C. Certeza dada junto ao túmulo vazio (v. 5-10)
1. Nenhuma certeza dada aos soldados
2. Fortalecimento da fé para as mulheres temerosas
   a. "Não temais" – que palavras apropriadas em tempos duvidosos!
   b. "Pois eu sei"– Deus sabe tudo a nosso respeito
   c. "Ele não está aqui" – boas notícias!
   d. "Porque ressurgiu" – Aleluia!
   e. "Como Ele disse" – Deus cumpre sua palavra
   f. "Ide depressa e contai"- Missionários para Cristo
   g. "Vai adiante de vocês (João 10:4)

III. Conclusão

A. O que o túmulo vazio significa para nós?

B. O túmulo vazio deveria levar-nos à realidade espiritual

C. O túmulo vazio deveria assegurar-nos de que Cristo está vivo hoje

SE CRISTO NÃO TIVESSE RESSUSCITADO

SÉRIE "SOBRE A RESSURREIÇÃO" *I Cor. 15:13-20*

I. Introdução

A. As Promessas da Ressurreição
  1. Levantando o templo em três dias (João 2:18-22)
  2. O sinal de Jonas (Mat. 12:40)
  3. Jesus profetiza sua ressurreição (Mc. 8:31)

B. Milhões mundialmente celebram a Ressurreição

C. Mas, e se Cristo não ressurgiu?

II. Corpo do Sermão

A. Toda a pregação seria vã (v. 14)
  1. Cada sermão pregado seria inútil
    a. Toda a preparação do sermão em vão
    b. Toda pregação, um desperdício de energia
    c. Todos os sermões ouvidos, uma perda de tempo
  2. Toda pregação do passado nenhum valor teria
    a. A pregação dos apóstolos
    b. A pregação dos mártires da igreja primitiva
    c. A pregação dos gigantes da fé
      (1) Os sermões de Lutero que redundaram na Reforma
      (2) Os sermões de Wesley que causaram avivamento na Inglaterra
      (3) Os sermões de Moody que levaram milhares a Cristo
  3. Se Cristo não ressurgiu, não estaríamos aqui

B. Toda fé seria vã (v. 14)
  1. Fé... que salva a alma (At. 16:31)
    a. Que traz paz com Deus (Rom. 5:1)
    b. Que aceita o dom da graça (Ef. 2:8-9)
  2. Fé que torna a oração poderosa
    a. "Se podes crer" (Mc. 9:23)
    b. "Coisas grandes e ocultas" (Jer. 33:3)
  3. Fé... que traz paz na mente

a. "Não andeis ansiosos por coisa alguma" (Filip. 4:6-8)
b. "A quem temerei?" (Sal. 27:1)

C. Toda esperança do céu vai embora (v. 18)
1. Os mortos em Cristo pereceriam
2. Cada túmulo seria um local de desespero
a. Não haveria mansões preparadas para nós (João 14:1-3)
b. Não esperaríamos um lugar melhor (Filip. 1:23)
c. Não haveria esperança de reencontrar os queridos que já partiram (I Tess. 4:13)
3. As promessas do céu seriam falsas

D. Os crentes seriam infelizes(v.19)
1. Teríamos crido numa mentira
2.Teríamos gasto nossa vida seguindo uma fábula
3.A alegria que professamos seria uma decepção
4. Teríamos trocado o lucro terreno por um sonho

III. Conclusão

A. Mas Cristo ressurgiu! (v. 20-26)
1. A pregação do evangelho é poderosa e veraz.
2. A fé em Cristo traz perdão e vida eterna
3. Os crentes vão para o céu quando morrem
4. Os cristãos têm motivos para alegria

B. Ressurgiremos para sermos semelhantes a Cristo (v. 20)

C. Cristo reinará para sempre (v. 25-26)

D. Cristo reina em teu coração?

MUITAS PROVAS INFALÍVEIS

TERMINA A SÉRIE "SOBRE RESSURREIÇÃO" *Atos 1:3*

I. Introdução

A. Cristo ressurgiu!

1. Ele havia prometido sua ressurreição
2. A Bíblia declara sua ressurreição
3. Nós cremos na sua ressurreição

B. Alguns duvidam da ressurreição

1. Exigem prova da ressurreição
2. A Bíblia afirma que há muitas provas infalíveis

C. Considere as provas da Ressurreição

II. Corpo do Sermão

A. O túmulo vazio

1. Os inimigos de Cristo lembraram sua promessa da ressurreição
   a. Lembraram a Pilatos a promessa de Jesus (Mat. 27:63)
   b. Obtiveram uma guarda para proteger o túmulo (v. 65)
   c. O túmulo foi selado oficialmente (v. 66)
2. Os amigos de Jesus esqueceram sua promessa da ressurreição
   a. As mulheres vieram ao túmulo para ungir seu corpo
   b. É estranho que seus inimigos lembraram, mas seus amigos esqueceram
   c. Matthew Henry: "O ódio é mais intensamente desejado do que o amor"
3. Quando as mulheres chegaram o túmulo estava vazio (Mat. 28:1-8)
4. Mesmo os soldados admitiram que o túmulo estava vazio (28:11)
5. Os inimigos de Cristo sabiam que o túmulo de Cristo estava vazio (28:12-15)
   a. Convocaram uma reunião para decidir como tratar daquilo

B. Subornaram os soldados para divulgar uma mentira inacreditável

   c. A precaução e o pânico deles provam a ressurreição

d. A mentira deles continua até hoje

B. As testemunhas oculares

1. O testemunho das testemunhas oculares sustentado no tribunal
2. Quem foram essas testemunhas?
   a. As mulheres que vieram ao túmulo (Luc. 23:55-24:11)
   b. Pedro e João (João 20:1-10)
   c. Os discípulos de Emaus (Luc. 24:13-35)
   d. Tomé, após uma semana de incredulidade (João 20:24-29)
   e. Mais de quinhentos irmãos (I Cor. 15:6)
   f. Tiago e todos os apóstolos (I Cor. 15:7)
   g. Paulo no caminho de Damasco (15:8)
3. Por que alguém duvidaria dessas pessoas honestas?

C. A Revitalização dos discípulos

1. Os discípulos tinham sido assolados pela crucificação
   a. Eles abandonaram Cristo e fugiram (Mat. 26:56)
   b. Alguns voltaram para casa (Luc. 24:13-35)
2. A Ressurreição mudou tudo
   a. O medo foi trocado pela fé
   b. Duvidosos foram transformados em testemunhas poderosas
3. Esses covardes anteriores tornaram-se corajosos
   a. Tornaram suas vidas disponíveis
   b. As pessoas não morrem por uma mentira
   c. Milhares foram salvos por causa do testemunho deles
   d. A igreja existe por causa dessa mudança

III. Conclusão

A. A maior prova é a transformação que Cristo opera nas vidas hoje

B. Ele quer transformar você (II Cor.5:17)

C. Encontre o Cristo vivo pela fé (Rom. 10:9-13)

D. Você será uma outra prova infalível da Ressurreição

DEUS INTERROGA O PRIMEIRO ASSASSINO DA TERRA

Gen. 4:6

I. Introdução

A. A Primeira Família

1. Adão e Eva foram autorizados a ter filhos (1:28)
2. Essa ordem foi dada antes da Queda
3. Prova de que o sexo no casamento sempre foi correto (Hebr. 13:4)
4. O nascimento de Caim, Abel e outros filhos (4:1-2;5:4)

B. Uma atitude violenta penetra na primeira família

1. Abel, um pastor e homem de fé (Hebr. 11:4)
2. Caim, um fazendeiro e não correto com Deus
   a. Ele tinha inveja de Abel
   b. Ele odiava seu irmão
   c. Ele era controlado pela ira

C. As perguntas de Deus a um homem irado

II. Corpo do Sermão

A. São perguntas que mostram o interesse de Deus em nossos sentimentos

1. Por que você está com raiva?
2. Por que anda carrancudo?
3. Essas perguntas de Deus aplicam-se a você hoje?
   a. Está você irado?
   b. Está você deprimido?
   c. Tem você inveja do progresso de outra pessoa?
   d. O ódio está aumentando no teu coração?
   e. A tua atitude má está estampada na tua face?
4. Quando Elias clamou, Deus se importou (I Reis 19)
5. Quando Jonas murmurou fora de Nínive, Deus se importou (Jonas 4)
6. Deus se importa com teu coração atribulado

B. São perguntas que revelam a causa do primeiro homicídio
   1. Cada ato começa como um pensamento
   2. João escreveu acerca da ruína de Caim (I João 3:10-16)
      a. "Suas obras eram más" (v. 12)
      b. Ele estava convicto da justiça de Abel
      c. Ele não amava seu irmão.
      d. Seu ódio determinou seu ato: "Todo o que odeia seu irmão é homicida" (v. 15)
   3. Que pensamentos destrutivos você tem nutrido?
      a. Pensamentos sensuais que podem levar-te ao pecado sexual?
      b. Pensamentos cobiçosos que podem levar-te à desonestidade?
      c. Pensamentos de ódio que podem levar-te à violência, e até ao homicídio?

C. São perguntas com o propósito de mudar a vida de Caim
   1. Deus age a partir de seu amor
   2. Instruções amáveis seguiram essas perguntas
      a. Deus ensina a Caim como ser por Ele aceito
      b. Deus adverte Caim do perigo de continuar no pecado
   3. Deus vem ao nosso encontro onde estamos
   4. Deus quer que mudemos nosso rumo (arrependimento)
   5. Deus convida-nos para olhar para Ele com fé

III. CONCLUSÃO

A. O que poderia ter acontecido
   1. Caim poderia ter abandonado seu ódio e sua incredulidade
   2. Caim poderia ter correspondido ao amor de Deus

B. Você também pode!

C. Permita que Deus troque tua amargura pelas bênçãos dele

VOCÊ DEVE NASCER DE NOVO

João 3:1-21

I. Introdução

A. Vida nova para um homem religioso

1. Muitos têm religião, mas não realidade espiritual
2. Muitos têm uma forma de piedade, mas não fé
3. Neste texto, um homem religioso aprende acerca da vida nova

B. Porque Wesley pregou frequentemente acerca de nascer de novo

1. Resposta dele: "Necessário vos é nascer de novo" (v.7)
2. Você já nasceu de novo?

C. O homem que aprendeu acerca do novo nascimento

II. Corpo do Sermão

A. Nicodemos e sua necessidade (v. 1-2)

1. Nicodemos procurou Jesus de noite
   a. Ele era um líder dos judeus
   b. Provavelmente temeu que outros o vissem
   c. Medo de que pudesse perder a credibilidade com seus amigos
2. Porque Nicodemos procurou Jesus:
   a. Ele ouvira acerca de seus milagres
   b. Ele acreditava que Deus estava com Ele
3. O que Nicodemos não precisava:
   a. Não precisava de religião: era um fariseu

B. Não precisava ser aclamado: era um líder dos judeus

4. Ele não compreendeu sua necessidade real até que esteve com Jesus
5. Ele precisava nascer de novo

B. O Salvador e sua declaração admirável (v. 3-7)

1. Jesus estava disponível mesmo de noite
   a. Ele nunca esteve demasiado cansado ou ocupado para as pessoas
   b. Jesus sempre tem tempo para aqueles que vêm a Ele

2. Jesus passou completamente das palavras de Nicodemos para o seu problema real
   a. Ele sabe porque você está aqui hoje
   b. Ele compreende os problemas que te afligem
   c. Ele sabe acerca do teu lar transtornado; do teu pavor da morte
3. "Se alguém não nascer de novo"
   a. Não há outro modo de entrar no reino de Deus
   b. Não há outro modo de estar certo do céu
4. "Como pode um homem nascer sendo velho?"
   a. Nicodemos fica confuso diante da declaração admirável
   b. Ele pensou que Jesus falava de outro nascimento físico

C. Cristo esclarece (v. 3-16)

1. Respondendo às perguntas de um homem religioso
   a. Esse não é um outro nascimento físico
   b. "O que é nascido da carne é carne"
   c. Esse é um nascimento espiritual.
   d. "E o que é nascido do Espírito Santo é um ser de natureza espiritual"
2. "Como essas coisas podem ser?
3. Desfazendo a confusão
   a. Moisés e a serpente no deserto (v. 14)
   b. Os israelitas que olhavam com fé viviam. (Num. 21:9)
   c. Aqueles que olham para Cristo com fé recebem vida eterna
4. O verso mais claro de todos (v. 16)

III. Conclusão

A. Resumindo o Novo Nascimento

1. É obra do Espírito Santo (Tito 3:5)
2. É resultado da fé em Cristo (João 3:14-16)

B. Você já nasceu de novo?

A ALEGRIA MÁXIMA DE PAULO

I Tess. 2:19-20

I. Introdução

A. Dupla antecipação de Paulo:

1. Seu encontro com Cristo na sua volta
2. Seu encontro com aqueles que ele ganhou para Cristo

B. O que os convertidos significavam para Paulo

1. Eles eram sua esperança e alegria (v. 19)
2. Eles eram sua alegria máxima (v. 19)
3. Eles eram sua glória e gozo (v. 20)

C. O que o amor pelas almas ocasionou na vida de Paulo

II. Corpo do Sermão

A. O desejo do coração de Paulo (Rom. 10:1)

1. O desejo de seu coração era a salvação de Israel
   a. Essa foi sua oração constante
   b. Foi a prioridade nº 1 na sua lista de oração
2. Qual é o desejo do teu coração?
   a. Uma casa nova, um trabalho melhor, um carro novo?
   b. Como comparar isso com o desejo de almas salvas?
3. Quando Paulo estava faminto, ele desejava as almas mais do que o alimento
4. Quando Paulo estava sedento, ele desejava as almas mais do que a água
5. Quando Paulo estava na prisão, ele desejava as almas mais do que a liberdade
6. Quando diante dos juízes, ele desejava as almas mais do que a justiça

B. O fator determinante no comportamento de Paulo (I Cor. 9:19-22)

1. Ele usou cada meio para salvar alguns
   a. Serviu aos outros para ganhá-los para Cristo (v.19)
   c. Falou aos judeus como um judeu para ganhá-los (v.20)
   c. Ele ia ao encontro das pessoas onde estavam para ganhá-las

(v. 21)

d. Fez-se como fraco para com os fracos para poder ganhá-los

2. Na prisão, Paulo louvou a Deus para ganhar almas (At. 16:25-32)

3. Após ser apedrejado, Paulo levantou-se e continuou pregando para ganhar almas

4. O que há de diferente no teu comportamento?
   a. Isso é por causa do teu interesse pelas almas?
   b. É somente para impressionar outros?
   c. Você é cauteloso para não causar escândalo a outros?
   d. Quanto está você motivado por um interesse pelas almas?

C. A urgência no método e mensagem de Paulo (II Cor. 6:1-2)

1. O método e a mensagem de Paulo eram guiados pelo seu interesse pelas almas
2. Note sua urgência:
   a. Agora é o tempo aceitável
   b. Agora é o tempo da salvação
3. Cada dia era um dia de colheita e urgência para Paulo
4. Paulo advertiu contra o adiamento:
   a. O rei Agripa: "Quase persuadiste-me"
   b. Felix: Uma ocasião mais oportuna
   c. Muitos adiam a salvação e ficam perdidos

III. Conclusão

A. O resultado: muitas almas ganhas no ministério de Paulo

B. A Coroa de Glória

1. Quem você quer encontrar nas ruas do céu?
2. Quem estará lá porque você se importa?
3. Qual é a coisa mais importante na tua vida?
4. Está você vislumbrando encontrar aqueles que ganhou?

C. Você está pronto para o retorno de Cristo?

D. Receberá você a coroa da alegria?

OBSTÁCULOS À FÉ

Gal. 5:7

I. Introdução

A. Duas palavras tristes: "Corríeis bem"
1. Elas falam de bênçãos passadas
2. Elas falam de falha presente

B. Quais foram algumas bênçãos anteriores na Galácia?
1. O primeiro contato deles com o evangelho (4:13)
2. A recepção e o cuidado deles para com Paulo (4:14)
3. O amor deles para com Paulo (4:15)
4. A obediência anterior deles à verdade (3:1)

C. Obstáculos que causaram o declínio deles

II. Corpo do Sermão

A. O obstáculo dos professores falsos (1:1-9)
1. A saudação tenra de Paulo
   a. Confirmando sua chamada (v. 1)
   b. Graça e paz enviados a esses crentes (v.3)
   c. Repetição do evangelho (v.4)
   d. A Deus seja a glória (v.5)
2. Professores falsos vieram confundir os gálatas
   a. Não estavam realmente interessados com alcançar o perdido
   b. Oprimindo os que já creram em Cristo
   c. Isso é tão verdadeiro hoje
3. Linguagem forte condenando os professores falsos
   a. Alguns pervertiam o evangelho (v.7)
   b. Sejam anátemas os que assim fazem (v. 8)
4. A natureza do ensino falso
   a. Uma mistura da lei com a graça para a salvação
   b. Prática da lei ensinada para crentes
5. Refutando esse ensino falso (Gal. 2:15-21; 3:1-9)

B. O obstáculo dos cristãos em disputa (5:15)
1. Brigando e prejudicando um ao outro

2. Os crentes devem mostrar amor, não ódio
    a. A prova do discipulado (João 13:35)
    b. "Amarás ao teu próximo como a ti mesmo" (v. 14)
3. Esse era o problema em Corinto (I Cor. 3:1-4)
    a. Contenda e divisões são sinais de carnalidade
    b. Seguindo homens em vez de Cristo
4. Amargura e contenda vêm de Satanás (Tg. 3:14-16)
5. A paz entre crentes vem do Senhor (Tg. 3:17-18)

C. O obstáculo daqueles dados às obras da carne (v. 17-21)
1. Contraste entre as obras da carne e do Espírito Santo:
    a. A batalha: a carne e o Espírito Santo
    b. A vitória: "Andai pelo Espírito Santo"
2. Cercados pelas obras da carne
    a. Tramas para mais divertimento
    b. Manchetes nos jornais diários
3. Os crentes não devem ser vencidos pela carne
4. O fruto do Espírito Santo deve fluir através de nós (5:22-23)
    a. A alegria da vida plena no Espírito Santo
    b. O fruto do Espírito Santo honra nosso Senhor

III. Conclusão

A. Alguma vez você já serviu a Cristo melhor do que atualmente

B. Quem impediu você?

C. Retorne ao local da plena submissão a Ele

RAZÕES PARA LOUVAR O SENHOR

I PE.1:1-7

I. Introdução

A. Uma carta de Pedro

1. Um homem que sofreu com seu temperamento
2. Um homem que sofreu com a tentação
3. Um homem que sofreu com sua língua
4. Conhecer bem a Pedro é conhecer-nos bem

B. Uma carta para crentes (v. 2)

C. Uma carta que começa com razões para louvar o Senhor

II. Corpo do Sermão

A. Deus nos deu uma esperança viva (v. 3)

1. "Para uma viva esperança"
2. A condição de todas as pessoas sem Cristo:
   a. Eles não têm esperança real (Ef. 2:12)
   b. Têm esperança falsa (Prov. 11:7)
3. Contraste isso com a esperança viva de Pedro
   a. Cristo está vivo (Rom.1:4)
   b. Nossa salvação está garantida (I Cor.15:3-6)
   c. Nossa ressurreição similar é certa (I Cor. 15:20-23)

B. Deus deu-nos uma herança permanente (v. 4)

1. Pedro era filho de um pescador pobre
2. Sua herança terrena teria sido pequena
3. Ele deixou tudo para seguir Cristo
   a. Deixou inclusive sua herança pequena
   b. Amigos e parentes devem ter ficados admirados
   c. O que está errado com Pedro?
   d. Não tem ele perspectiva alguma para seu futuro?
4. Agora Pedro compreende que tem uma herança pela frente
   a. Incorruptível; não se estragará

b. Imaculada; pura
c. Imarcescível; não é uma miragem
d. Reservada no céu
5. Somos pessoas perecíveis entre coisas perecíveis
6. Em Cristo, não perecemos, nem nossa herança

C. Deus deu-nos um período de tempo de proteção poderosa (v. 5-7)
1. "Sois guardados pelo poder de Deus"
a. "Guardados" aqui é uma palavra militar
b. Somos guardados pelo poder de Deus
2. Nosso Senhor cuida de nós cada dia
3. Ele provê poder para vencer a tentação
4. Mesmo nossas provações e sofrimentos são temporários (v. 6)
a. A prova da nossa fé é mais preciosa que o ouro
b. Agora há problemas... depois louvor, no retorno do Senhor

III. Conclusão

A. Pedro bendiz o Senhor
1. Diante de sua esperança viva
2. Diante de sua herança permanente
3. Diante de seu período de tempo de proteção poderosa

B. Razões boas para também louvar o Senhor

C. Louve o Senhor!

A DETERMINAÇÃO DE CALEBE

Num. 13:30

I. Introdução

A. Uma época especial para os filhos de Israel

1. Eles haviam sido libertados da escravidão
2. Eles foram libertados pelo sangue do Cordeiro pascal
3. Eles foram protegidos e providos na jornada
4. Eles haviam alcançado o limite da Terra Prometida

B. Os espias e seus relatórios (v. 26-29)

1. Moisés tinha enviado doze espias para reconhecer a terra
2. Todos retornaram com um relatório bom acerca da terra
3. Dez espias temiam as pessoas que ali viviam

C. Calebe exortou seu povo para avançar

II. Corpo do Sermão

A. Uma exortação visando à harmonia entre o povo de Deus

1. Ele acalmou o povo diante de Moisés
2. "Subamos imediatamente"
   a. Ele vê o povo marchando como um exército
   b. Ele aguarda prontidão (imediatamente)
3. As pessoas de Deus são poderosas quando atuam juntas
4. Exemplos bíblicos de harmonia entre o povo de Deus:
   a. Quão bom e agradável (Salmo 133)
   b. A igreja primitiva e seu poder (At.1:14;2:1)
5. Muitas igrejas definham por causa da rivalidade (I Cor.3)
6. Tenhamos esperança de que Deus cure nossas feridas e harmonize-nos

B. Uma exortação visando à direção de Deus entre seu povo

1. "E tomemos posse dela"
2. "Porque podemos bem prevalecer contra ela"
3. Isso não poderia acontecer na força deles
4. Somos invencíveis no poder de Deus
   a. Renovamos as forças esperando nele (Is. 40:31)

b. "Posso fazer tudo através de Cristo" (Filip. 4:13)

5. Calebe vê o povo avançar no poder de Deus
   a. Por que não ter a mesma visão para nossa igreja?
   b. Basta dessa timidez! De tentativas sem fé!
   c. Creiamos em Deus e avancemos

C. Uma exortação visando partilhar na colheita planejada para o povo de Deus
1. A amostra trazida pelos espias (v. 23-24)
2. Calebe desejava outro sabor do fruto de Canaã
3. Precisamos estar envolvidos na colheita...
   a. Quando estamos envolvidos, nossos problemas são resolvidos
   b. A ênfase fica fora de nós, é posta nos outros
4. Está na hora de fazer a colheita (João 4:35)
5. A recompensa para a colheita é grande (4:36)
6. Os trabalhadores são poucos (Mat. 9:37)
7. Uma das maiores oportunidades da vida

III. Conclusão

A. Por que Calebe pôde fazer um desafio tão poderoso:
1. Outros viam os gigantes; Calebe viu o Senhor
2. Outros viam gigantes grandes e um Deus pequeno
3. Calebe viu um Deus grande e gigantes pequenos

B. Aceitemos o desafio de Calebe
1. Uma colheita de almas aguarda-nos
2. Podemos colher e ao mesmo tempo escolher um campo novo

A MÃE DE TODOS NÓS

Gen. 4

I. Introdução

A. Dia das Mães e Maternidade

1. As famílias são parte do plano de Deus
2. Deus ordenou o lar, não o bando

B. Eva, a Mãe de todos os seres humanos (Gen. 3:20)

1. Lições da primeira mãe
2. A esperança de Eva, sua dor de coração, sua maior felicidade

II. Corpo do Sermão

A. Uma esperança de mãe (v. 1)

1. "Alcancei do Senhor um varão"
2. Para entender a declaração de Eva, exige-se a compreensão do seu contexto
3. A criação de Adão e Eva (1:26-27; 2:18-25)
   a. Adão foi criado primeiro... do pó
   b. Eva foi criada da costela de Adão
      (1) A primeira anestesia e cirurgia
      (2) Do lado de Adão; próximo do seu coração
4. O primeiro casamento
   a. Deus uniu Adão e Eva para serem um na vida
   b. Osso dos meus ossos e carne de minha carne (2:23)
   c. Uma ilustração de Cristo e a igreja
5. A tentação, a queda e a semente prometida (3:15)
6. Eva pensou que Caim era o homem prometido para esmagar a serpente
7. Cristo viria finalmente para cumprir aquela promessa

B. A dor de coração de uma mãe (4:8)

1. O nascimento era uma experiência inteiramente nova
2. A alegria do nascimento do bebezinho
   a. Suas primeiras palavras e passos
   b. As bênçãos da maternidade

3. Abel e irmãs nasceram em seguida
   a. Um lar feliz cheio de amor
   b. Caim tornou-se fazendeiro; Abel, um pastor de ovelhas
4. Depois chegou o dia da dor de coração: Caim matou Abel
5. Não sabemos como Caim matou Abel
   a. Se, com uma faca, também adentrou o coração de Eva
   b. Se, com um pedaço de pau, bateu também em Eva
   c. Nossos pecados sempre afetam aqueles a quem amamos
6. As mães têm derramado rios de lágrimas sobre os filhos teimosos

C. A mais elevada felicidade de uma mãe (v. 25-26)
1. Podia Eva esquecer a violência de Caim?
2. Podia Eva esquecer a morte de Abel?
3. Não, mas ela pôde recuperar-se
   a. Deus concede o amor recuperador
   b. Sua graça sempre é suficiente
4. Sete nasceu como um substituto para Abel
5. Cristo tornou-se nosso substituto na cruz
6. Sete trouxe grande alegria para Eva
   a. O filho de Sete, Enoque, trouxe avivamento
   b. “Então os homens começaram a invocar o nome do Senhor”

III. CONCLUSÃO

A. Deus socorre-nos onde estamos
1. Ele socorreu Eva em sua aflição acerca de Caim e Abel
2. Ele te socorrerá no teu momento de aflição

B. Deus socorre as mães aflitas e as encoraja

C. Deus socorre os filhos teimosos e chama-os para si

MARIA, MARTA E O SENHOR

Luc. 10:38-42

I. Introdução

A. As jornadas de Jesus
   1. Levavam-no frequentemente a Betânia
   2. Ao lar de Maria, Marta e Lázaro
   3. Um lugar onde Jesus sentia-se em casa
   4. Jesus sente-se em casa no teu lar?

B. A experiência em Betânia que descreve a todos
   1. Maria sentada aos pés de Jesus
   2. Marta trabalhando e queixando-se

II. Corpo do Sermão

A. Maria ouvindo (v. 39)
   1. "Maria, sentando-se aos pés do Senhor, ouvia a sua palavra"
      a. O lugar de submissão (Luc. 8:41)
      b. O lugar de devoção (João 12:3)
      c. O lugar de paz (Luc. 8:35)
   2. Maria é um exemplo de aprendizado cristão
   3. Maria é um exemplo de adoração cristã
   4. Maria é um exemplo de fazer devoções cristãs
   5. Devemos aprender sentar-se aos pés de Jesus e ouvir
      a. Sem isso não cresceremos
      b. Sem isso seremos vencidos pela tentação
      c. Sem isso seremos carnais

B. Marta trabalhando (v. 40)
   1. "Marta estava preocupada com muito serviço"
   2. Tome cuidado para não sobrecarregar-se com atividades
   3. Não devemos criticar Marta
      a. Havia trabalho por fazer
      b. Jesus e seus discípulos precisavam de alimentação
      c. Outras responsabilidades poderiam ter sido urgentes
   4. Repare o que o trabalho sem adoração provocou em Marta:

a. Ela ficou transtornada
b. Falou em vez de ouvir
c. Criticou sua irmã
d. Duvidou do amor de Cristo
e. Ficou desencorajada

C. O amor do Senhor (v. 41-42)

1. "Marta, Marta", comparado com outros textos ternos:
a. "Simão, Simão", quando atacado por Satanás (22:31)
b. "Saulo, Saulo", no caminho para Damasco (At. 9:4)
2. "Estás preocupada e aflita"
a. Cristo examina o íntimo e vê o coração aflito
b. Ele conhece tudo acerca da nossa ansiedade
c. Devemos lançar sobre Ele nossa ansiedade (I Pe. 5:7)
3. A omissão importante de Marta:
a. A adoração é algo necessário
b. Frequentemente desprezamos essa parte importante
c. O trabalho deve ser realizado de modo a ter tempo para ouvir a Jesus

III. Conclusão

A. A recompensa permanente de Maria (v. 42)

1. "Maria escolheu a boa parte"
2. Essa jamais lhe será tirada

B. O que é mais necessário na tua vida?

C. Você o encontrará ouvindo aos pés de Jesus

FAÇA O QUE PUDER

Mc. 14:8

I. Introdução

A. Nosso Senhor em casa de um leproso (v. 1-3)

1. Aqueles dias eram perigosos:
   a. A conspiração por ocasião da Páscoa para destruir Jesus
   b. Os sacerdotes e escribas impedidos por causa do povo
2. Jesus entretido na casa de Simão, o leproso
3. Quanto nosso Senhor gostava de estar com os excluídos da sociedade!

B. A mulher e sua unção preciosa

1. Dar a Jesus o que temos traz bênçãos
2. Dar tudo a Jesus também traz crítica (v. 4-5)

C. A mulher elogiada: "Ela fez o que podia"

1. Um bom exemplo para todos
2. O que você pode fazer

II. Corpo do Sermão

A. Faça o que puder para edificar tua fé (I João 5:4)

1. Vencemos através da fé
2. Somos tão eficientes quanto nossa fé capacita-nos a ser
3. Invista tempo para desenvolver uma fé forte
   a. Invista tempo para ler a Bíblia diariamente (Rom. 10:17)
   b. Invista tempo para orar (Mc. 11:22-24)
   c. Invista tempo para estar a sós com Deus (Mc. 14:32-41)
4. Exercite teus dons tornando-se ativo em tua igreja
5. Exercite tua fé e ela crescerá
6. Espere Deus fazer sucesso através de você

B. Faça o que puder para edificar outros crentes (Rom. 14:19)

1. Devemos todos edificar-nos um ao outro
2. Não focalize as faltas de outros crentes
   a. Nunca fale negativamente deles
   b. Procure pelo melhor neles

c. Os cristãos não são perfeitos... apenas perdoados

3. Não cause tropeço a outro (14:21)
   a. Considere os membros mais fracos da família de Deus
   b. Permita que o interesse por eles governe tua conduta
4. Quando outros são derrotados, restaure-os (Gal.6:1)
5. Levai as cargas uns dos outros (6:2)
6. Sê um exemplo para outros crentes (I Tim. 4:12)
   a. Um exemplo na palavra, na conduta, no amor
   b. Um exemplo na maneira de agir, na fé, na pureza

C. Faça o que puder fazer para edificar o Corpo de Cristo (Ef. 4:11-16)

1. Edificando a igreja através do ensino
   a. Você tem o dom de ensinar?
   b. Você está usando esse dom na igreja?
2. Edificar a igreja através do amor
   a. Falando em amor
   b. Ofertando com amor
   c. Exortando com amor
3. Edificar a igreja através do evangelismo
   a. "Promovendo o crescimento do corpo"
   b. Compartilhando o evangelho a cada dia

III. Conclusão

A. Façamos por Cristo o que pudermos

B. Podemos fazer a diferença na igreja e no mundo

C. O "Bem está" dele ficará completamente digno de cada esforço nosso

O BANIDO VOLTA PARA CASA

II Sam. 14:14

I. Introdução

A. O filho de Davi, Absalão, tinha sido banido

1. *A história começa com o pecado (13:1-18)*
    a. Amnon, filho de Davi, tira vantagem de sua irmã, Tamar
    b. Dois anos depois, Absalom mata Amnon (13:21-39)
2. Passaram-se três anos de banimento para Absalom
3. Davi espera secretamente pela reconciliação com Absalom

B. Joabe, o pacificador (14:1-13)

1. Joabe contrata uma mulher sábia de Tecoa para ajudá-lo
2. Essa mulher sábia aproxima-se de Davi com uma história de si mesma
    a. Um de seus filhos matou o outro
    b. Ela quer perdoar e restaurar o ofensor
    c. Davi simpatiza com ela e oferece ajuda
    d. Ela ajuda Davi a entender que ele deve perdoar

II. Corpo do Sermão

A. Aqueles banidos de Deus (v. 14)

1. As palavras de uma mulher sábia
    a. Philipson: "Essa é uma das mais nobres e profundas declarações das Escrituras"
    b. As palavras dela declaram a graça de Deus para todos nós
2. "Porque certamente morreremos" (Rom. 6:23; Hebr. 9:27)
3. "Somos como a água derramada no chão"
4. Todos sofremos os efeitos do pecado
    a. Relembra o banimento do Jardim do Éden
    b. Estamos todos separados de Deus (Rom. 5:12)
5. Não é necessário mais nenhum pecado para ser perdido eternamente (João 3:18)

B. Deus planejou meios para esses separados dele retornarem (v.14)

1. Deus não faz distinção de pessoas
   a. Pedro concorda (At.10:34)
   b. A salvação está disponível para todos (Rom. 10:13)
2. Deus planejou meios para que os que separaram-se dele retornassem
3. James M. Gray: "Que as palavras belas do verso 14 não separem-se de você Como elas sugerem o amor de Deus por nós em Jesus Cristo!

Ele foi o meio projetado para que não fôssemos banidos da sua presença"

4. Jesus veio buscar e salvar o perdido (Luc. 19:10)
5. A morte de Cristo na cruz, o meio de nossa salvação
   a. Cristo morreu, "o justo pelos injustos" (I Pe. 3:18)
   b. O propósito: "para levar-nos a Deus" (3:18)

C. Os separados são trazidos para casa para plena comunhão (v. 14)

1. O rei Davi prestou atenção às palavras da mulher sábia
   a. Ele percebeu que Joabe envolveu-o numa trama (v. 19)
   b. Ele ordenou a Joabe trazer Absalão para casa (v.21)
2. Absalão foi trazido de volta a Jerusalém (23)
   a. Ele foi trazido para sua própria casa (v. 24)
   b. Não viu a face de Davi por dois anos (v. 24)
3. A graça do Senhor é maior do que a de Davi
   a. Somos trazidos para plena comunhão no momento da salvação
   b. Não esperamos ser salvos... agora é o tempo (II Cor. 6:1-2)

III. Conclusão

A. Os separados são trazidos para casa para permanecer

1. Ao recebermos Cristo, passamos a fazer parte da família de Deus (João 1:12)
2. Temos a vida eterna (João 5:24)

B. Responda ao chamado de Deus e volte para casa agora mesmo

CONVOCAÇÃO PARA LEMBRAR

DIA MEMORIAL *Deut. 8*

I. Introdução

A. Dia Memorial: um dia para recordar

1. Separe-o para recordar os que tombaram na batalha
2. Devemos também recordar todos os queridos falecidos

B. A Bíblia e a recordação

1. Josué amontoou pedras para recordar a travessia do Jordão (4:9)
2. Jesus pediu que seus discípulos recordassem suas palavras (João 15:20)
3. Na Ceia do Senhor, recordamos a morte de Cristo por nós (I Cor. 11:23)

C. O povo de Deus foi exortado a relembrar

II. Corpo do Sermão

A. Recordar a direção do Senhor (v. 1-2)

1 "Lembrarás de todo o caminho pelo qual o Senhor teu Deus tem te conduzido"

2. Israel parou por aqui e duvidou
   a. Isso levou a quarenta anos no deserto
   b. Quarenta anos de humilhação
   c. Quarenta anos aprendendo que Deus está dirigindo seu povo
   d. Quarenta anos aprendendo que a Palavra de Deus é verdadeira
3. A América saiu-se bem durante muitos tempos difíceis:
   a. Tempos quando o futuro da liberdade esteve incerto
   b. Tempos quando as liberdades básicas estiveram sob ataque
   c. Tempos quando inimigos estrangeiros ameaçaram
   d. Tempos quando problemas internos pareciam difíceis de resolver
4. Deus dirigiu a nação através de tempos sombrios

a. Temos triunfado sobre nossos inimigos
b. Tempos de refrigério vieram da parte do Senhor
c. Precisamos de um novo refrigério (avivamento)

B. Recordar o Castigo do Senhor (v. 5-6)

1. "Deveis também considerar (recordar)"
a. Um homem castiga seu filho
b. Deus às vezes castiga as nações
2. Deus castigou Israel
a. Sua incredulidade custou 40 anos no deserto
b. Uma geração não conseguiu entrar na Terra Prometida
3. Deus ainda castiga aqueles aos quais ama(Hebr.12:6)
a. Por que deveriam os cristãos recordar isso?
b. É importante que os americanos recordem isso?
4. O que está acontecendo na América que traria castigo?
a. O que dizer sobre a tragédia do aborto?
b. O que dizer das tragédias acerca das drogas e do álcool?
c. E acerca da catástrofe moral?
5. Um apelo para recordar e arrepender-se antes que o castigo aconteça

C. Recorde a fidelidade do Senhor (v. 7-20)

1. "Antes te lembrarás do Senhor teu Deus" (v. 18)
a. Ele te dá força para adquirir riqueza
b. Ele confirma seus pactos
2. Como o Senhor tem sido fiel a Israel:
a. Maná como alimento (v. 3)
b. Roupa e saúde (v. 4)
3. Como Deus tem sido fiel para a América:
a. Colheitas abundantes; riquezas inimagináveis
b. Proteção nas batalhas; as bênçãos da liberdade

III. Conclusão

A. Um chamado para recordar e ser grato

B. Um chamado para recordar, arrepender-se e retornar para o Senhor

UMA FOME NA AMÉRICA?

DIA MEMORIAL *Amós 8:1*

I. Introdução

A. A fome é quase desconhecida na América
   1. Temos sido abençoados além de qualquer comentário
   2. Temos sido a inveja do mundo
   3. As condições podem mudar
      a. Considere os sete anos de fome no Egito
      b. Somente José (um homem de Deus) salvou aquela nação

B. A fome do presente texto é diferente
   1. É a fome pela Palavra de Deus
   2. Estamos acostumados a uma abundância também nessa área
   3. Porém, a fome pode vir através da indiferença
      a. Há sinais de tal indiferença:
      b. Poucas igrejas crescendo através do evangelismo
      c. Não muitos cristãos pregando a Palavra de Deus no seu mundo

C. O que significa haver fome da Palavra de Deus

II. Corpo do Sermão

A. Uma nação sem a Bíblia fica sem liberdade (João 8:32)
   1. "A verdade vos libertará"
   2. Horace Greely: "É impossível escravizar um povo que lê a Bíblia"
   3. Não é para se admirar que os tiranos odeiam a Bíblia
   4. A história revela que a Bíblia traz liberdade:
      a. A história da fundação da América
      b. O desenvolvimento da nação baseado na Bíblia
      c. A preservação da nação por Deus mesmo na guerra
      d. As igrejas têm sido as guardiãs da liberdade
   5. Uma pregação bíblica sólida mantém-nos alerta para o valor da liberdade
   6. A leitura bíblica pessoal mantém viva a liberdade na vida diária

B. Uma nação sem a Bíblia fica sem alicerces (Mat. 7:24-29)
   1. A vida ou país edificados sobre a Bíblia permanecem
      a. A Palavra de Deus provê um alicerce sólido
      b. Edificando sobre a Bíblia resistimos às tempestades da vida
   2. Fora da Bíblia não há princípios normativos
      a. Tudo torna-se relativo
      b. Ninguém fica sabendo o que é certo e errado
   3. A Bíblia provê um padrão moral
      a. Um padrão moral para os indivíduos
      b. Um padrão moral para a nação
   4. Devemos retornar para a Bíblia
      a. Negligenciar a Bíblia é deixar a alma passar fome
      b. Os resultados são os mesmos quando se passa por uma fome de alimento

C. Uma nação sem a Bíblia fica sem fé (Rom. 10:17)
   1. Paulo descreve esse problema em sua própria nação (10:1-4)
      a. Um zelo por Deus, mas não de acordo com o conhecimento
      b. Desconheciam a justiça de Deus
   2. A Bíblia semeia a fé
      a. A fé vem pelo ouvir... a Palavra de Deus
      b. Tendo renascido de semente incorruptível(I Pe.1:23)
   3. Negligenciar a Bíblia é o mesmo que ter fome pela Palavra de Deus
   4. A grande riqueza nacional é encontrada na fé do seu povo

III. Conclusão

A. Você está com fome pela Palavra de Deus?

B. Aproprie-se dela enquanto está disponível

C. Compartilhe as Escrituras e evite uma fome nacional

O QUE DEUS QUER FAZER EM TUA VIDA

Filip. 1:6

I. Introdução

A. O que você quer fazer com tua vida?
  1. Muitos têm esperanças e sonhos
  2. Alguns têm planos e esquemas
  3. Alguns têm desejos egoístas, mas alguns desejam ajudar outros

B. O que Deus quer fazer em tua vida?
  1. Uma pergunta muito importante
  2. Ela tem dimensões tanto temporais quanto eternas
  3. Qual é a resposta a essa pergunta?

II. Corpo do Sermão

A. Deus quer iniciar uma obra em tua vida
  1. "Aquele que começou"
    a. Isso é surpreendente, mas verdadeiro
    b. Deus quer operar nas vidas dos pecadores
    c. Aqui há graça indizível pronta para operar em nós
  2. Isso é o oposto do que o homem natural quer:
    a. Nós queremos alcançar as estrelas
    b. Nós queremos alcançar sucesso financeiro
    c. Queremos galgar mais alto
  3. Deus quer abaixar-se até alcançar-nos:
    a. Para encontrar e transformar um pecador
    b. Para recuperar um indivíduo como propriedade sua
  4. Deus convida-te para tornar-te seu filho pela fé (João 1:12)
  5. Ele quer começar hoje, em você, sua obra de recuperação

B. Deus quer começar uma boa obra em tua vida
  1. "Aquele que em vós começou uma BOA obra"
  2. A obra de Deus em nós pode não parecer boa a princípio
    a. Começa conscientizando-nos dos nossos pecados (Rom. 3:10-23)

b. Aprendemos que nossas boas obras são inúteis (Is. 64:6)
c. Aprendemos que merecemos apenas a morte (Rom. 6:23
3. A graça traz-nos esperança
a. Deus ama-nos; Cristo morreu por nós
b. Somos levados da convicção à conversão
4. A fé em Cristo traz-nos muitas coisas boas:
a. Perdão dos pecados
b. Justificação
c. Certeza do céu
d. A habitação do Espírito Santo
e. Um propósito para viver: a glória de Deus

C. Deus quer realizar uma obra permanente em tua vida
1. "A aperfeiçoará até o dia de Jesus Cristo"
2. Paulo estava "certo" de que essa boa obra continuaria
3. Resumindo a boa obra de Deus nos crentes:
a. Deus começa sua obra (v. 6)
b. Deus continua sua obra (2:13)
c. Deus completa sua obra (3:20-21)
4. A vida eterna é realmente a eterna vida (I João 5:13)

III. Conclusão

A. Tem você percebido Deus trabalhando em tua vida?
1. Você foi convencido dos seus pecados?
2. Você ficou consciente do amor de Deus?
3. Está você pronto para vir a Cristo pela fé?

B. A boa obra de Deus pode ser começada em tua vida hoje

UM ASSUNTO DE VIDA OU MORTE

Filip. 1:20-26

I. Introdução

A. Vida ou morte aguarda-nos a cada dia

1. Deus mantém tua respiração em suas mãos (Dan. 5:23)
2. Todos temos um encontro marcado com a morte (Hebr. 9:27)
3. Os jovens vão morrer; os idosos vão morrer (Rom. 5:12)

B. Precisamos estar prontos para viver ou morrer

C. Paulo estava pronto

II. Corpo do Sermão

A. O propósito de Paulo, morto ou vivo (v. 20)

1. "Cristo será engrandecido no meu corpo"
2. Esse nem sempre foi o propósito de Paulo
   a. Outrora ele orgulhou-se de sua genealogia
   b. Ele tinha sido um fariseu... um líder religioso
   c. A autopromoção no judaísmo tinha sido sua paixão
   d. Ele odiou a Cristo e perseguiu a igreja
3. O encontro com Cristo no caminho de Damasco mudou isso (At. 9)
4. Agora Paulo suportou grande perseguição pela causa de Cristo
   a. Ele foi apedrejado, surrado e náufrago
   b. Foi preso; alguns tentaram matá-lo
   c. Aceitou o sofrimento para honrar seu Senhor (II Cor.4:7-18)
5. Paulo considerou todas as coisas como perda, por Cristo (Filip. 3:7-10)
6. Engrandecer Cristo foi o propósito da vida de Paulo
7. Qual é o teu propósito?

B. A certeza de Paulo, morto ou vivo (v. 21-22)

1. "O viver é Cristo, e o morrer é lucro"
2. Paulo estava certo de que não poderia perder:
   a. Se vivesse, usufruiria de sua salvação
   b. Se morresse, usufruiria do céu

c. Paulo tinha a certeza bidirecional
d. Você tem?
3. A certeza de Paulo acerca da vida: Cristo
a. Cristo seria sua consolação (2:1)
b. Cristo seria seu exemplo (2:5-7)
c. Cristo sempre o capacitaria a alegrar-se. (3:1)
d. Cristo o capacitaria a fazer tudo (4:13)
e. Cristo supriria todas suas necessidades (4:19)
4. A certeza de Paulo acerca da morte: lucro
5. Foi difícil para Paulo escolher
C. A antecipação de Paulo, morto ou vivo (v. 23-26)
1. "Mas de ambos os lados estou em aperto"
2. O primeiro desejo de Paulo era partir e estar com Cristo
a. Ele sabia que isso era melhor
b. As alegrias do céu acenavam
c. Ele ansiava ver seu Salvador
3. Paulo também estava ansioso para continuar servindo a Cristo
a. "Permanecer na carne é mais necessário por causa de vós"
b. Ele podia alegrar-se na perspectiva de mais serviço
c. Ele encontrou alegria antecipando a edificação da igreja

III. Conclusão

A. Um outro assunto de vida ou morte
1. Você está preparado para viver? Para morrer?
2. Ninguém está pronto para viver até que esteja pronto para morrer
3. Você está pronto?
B. Você pode ter a mesma certeza acerca da vida e da morte, como Paulo

O PRÊMIO

Filip.3:13-14

I. Introdução

A. A maior parte está interessada em prêmios

1. Prêmios representam recompensas
2. Alguns são merecidos, outros, não merecidos

B. Paulo estava interessado num prêmio de grande valor

1. Um prêmio dado por Jesus aos fiéis
2. Um prêmio mais digno que todas as recompensas terrenas

C. Paulo e seu esforço pelo prêmio

II. Corpo do Sermão

A. O passado de Paulo e o prêmio (v.13)

1. "Esquecendo-me das coisas que atrás ficam"
2. Paulo estava determinado a não ficar preso ao seu passado
3. Paulo arrependeu-se de algumas coisas do seu passado
   a. Sua confiança anterior na carne (v. 4-5)
   b. Seu ódio por Cristo
   c. Sua perseguição da igreja (v. 6)
4. Algumas coisas no seu passado que podiam tê-lo feito orgulhoso:
   a. Seus talentos no ministério
   b. As muitas igrejas que ele fundou
   c. Seu sofrimento como um missionário
5. Ele poderia ter alegado que tinha feito o bastante
6. Porém, determinou não olhar para trás; o prêmio aguardava-o na frente

B. A paixão de Paulo pelo prêmio (v. 13)

1. "Avançando"
2. Paulo estirava-se para frente
   a. Agarrando cada oportunidade para servir
   b. Paulo sentia que deveria dar o seu tudo
   c. Não era tempo de ficar indiferente
   d. Almas estavam perdidas; havia campos novos para alcançar

3. A paixão de Paulo consistia em cumprir a vontade de Deus em sua vida:
    a. O propósito de Deus para ele quando o salvou
    b. Ele manteve-se disciplinado duramente para alcançar esse propósito

C. Paulo avançando em direção à linha de chegada pelo prêmio (v. 14)

1. "Corro direto para a linha de chegada"
2. O que é essa linha de chegada, o propósito?
    a. O exemplo que Jesus deixou-nos (I Pe. 2:21)
    b. Paulo queria ser semelhante a Jesus
3. Esse é o propósito de Deus em nossas vidas
    a. Até o motivo dos acontecimentos em nossas vidas (Rom. 8:28-29)
    b. O propósito da Bíblia ao transformar nossas vidas
4. Quando esse prêmio será recebido?
    a. Na soberana vocação de Deus em Cristo Jesus
    b. Quando Jesus retornar, seus servos serão recompensados
    c. Jesus traz o prêmio com Ele (Apoc. 22:12)

III. Conclusão

A. Quanto valor você atribui às recompensas eternas?

B. Quão concentrado está você no prêmio?

C. O que está atrapalhando você na jornada?

D. Está você avançando para a soberana vocação?

SAUDADES DO LAR CELESTIAL

Filip. 3:20-21

I. Introdução

A. Não há lugar igual ao lar

1. A s reuniões de família levam-nos ao lar
2. Os regressos da igreja levam-nos ao lar
3. O aconchego e bênção de ir para casa

B. Este mundo não é nosso lar

1. Não nos admiremos de às vezes termos saudades de casa
2. Não estamos no lar

C. O apelo de Paulo para olhar na direção do Lar

II. Corpo do Sermão

A. O Céu é Nosso Lar (v. 20)

1. "Nosso relacionamento (cidadania) está no céu"
2. Não somos cidadãos da terra tentando chegar ao céu
3. Somos cidadãos do céu peregrinando pela terra
4. O que isso significava para os filipenses
   a. Filipos era uma colônia romana
   b. A cidadania romana era garantida para todos ali nascidos
   c. Os filipenses podiam dizer: "Sou um cidadão de Roma"
   d. Ali os crentes podiam dizer que eram cidadãos do céu
5. Representamos o céu enquanto estamos na terra
   a. Sejamos bons embaixadores para nosso Rei (II cor. 5:20)
   b. Outros julgarão nosso Rei pelo nosso comportamento
6. Quando nascemos pela vez primeira, tornamo-nos cidadãos de uma nação
7. Quando nascemos de novo tornamo-nos cidadãos do céu

B. Nosso Rei está no Céu (v. 20)

1. "Donde também aguardamos o Salvador"
2. O Senhor Jesus Cristo é nosso Rei
   a. Ele desceu do céu (João 3:13)
   b. Ele prometeu preparar locais no céu (João 14:1-3)

c. Ele subiu entrando no céu (At.1:9-11)

3. Temos investimentos grandes no céu:

a. Nossa cidadania está lá

b. Nosso Rei está lá

c. Nossa herança está lá (I Pe.1:4)

C. Nosso Rei está voltando para levar-nos para o céu (v. 20-21)

1. Devemos estar aguardando sua vinda

a. Aguardar sua vinda purifica nossas vidas (I João 3:1-3)

b. Aguardar sua vinda acrescenta esperança à vida (Tito 2:13)

2. Cristo virá e ressuscitará os cristãos mortos (I Tess. 4:14)

3. Cristo voltará e seremos transformados (I Cor. 15:51-52)

a. "Quem transformará o corpo da nossa humilhação" (v. 21)

b. "Para ser conforme o corpo da sua glória" (I João 3:1)

4. Esse milagre acontecerá segundo o poder eficaz de Cristo

a. A ressurreição do seu corpo prova o seu poder

b. Ele está no controle de todas as coisas

III. Conclusão

A. Os bons cidadãos do céu conduzem os cidadãos da terra para Cristo

1. Temos um mundo para alcançar (Mat. 28:18-20)

2. Temos a única mensagem que salva (At. 4:12)

B. Aguardar o retorno do Senhor acrescenta urgência à nossa tarefa

COMO PURIFICAR NOSSAS VIDAS

Salmo 119:9-11

I. Introdução

A. Um texto com uma pergunta vital

1. Como pode alguém ser puro diante de Deus?
2. Muitos fizeram essa pergunta
3. Qual é a resposta?

B. O salmista compartilha sua pesquisa e solução

II. Corpo do Sermão

A. O desejo do salmista (v. 9)

1. "Como purificará um jovem o seu caminho?"
2. Ele quer ser purificado
   a. Ele está cansado de pecado
   b. Ele está fatigado de soluções fracas
3. Pode você identificar-se com esse desejo?
   a. Você encontra-se confessando os mesmos pecados?
   b. Você deseja uma vitória diária?

B. A Bíblia como um detergente (v. 9)

1. "Observando-o de acordo com tua palavra"
2. O sangue de Cristo para purificar do pecado original
3. A Bíblia para purificar completamente nossas vidas
   a. "Vós já estais limpos pela Palavra" (João 15:3)
   b. "... com a lavagem da água, pela Palavra" (Ef. 5:26)
4. Vivemos dias de detergentes poderosos:
   a. Algo para limpar tudo completamente
   b. Não há mancha demasiada resistente para os produtos de limpeza modernos
5. Não há pecado tão obstinado que a Bíblia não possa erradicar
6. A leitura bíblica diária é vital para a vitória sobre o pecado

C. A decisão do salmista (v. 10)

1. "De todo o meu coração tenho te buscado"
2. Ele ouve e obedece a mensagem para purificar sua vida

3. Ele responde com todo o seu coração
    a. Não com hipocrisia
    b. Nem escondendo
4. Deus chama por submissão do ser interior
    a. Em amor a Deus (Deut. 6:5)
    b. Em fé para a salvação (Rom. 10:9-13)

D. A Defesa do salmista (v. 11)
1. "Escondo a tua Palavra no meu coração"
2. Spurgeon: "Nenhuma cura do pecado na vida é possível sem a Palavra no coração. Não há como esconder-se do pecado, a menos que escondamos a verdade dentro de nossas almas"
3. Ele não quer recair na armadilha do Diabo
    a. Ele quer vitória total
    b. Ele arma-se com a espada do Espírito
4. Spurgeon: "Quando a Palavra fica escondida no coração, a vida fica escondida do pecado"

III. Conclusão

A. Você deseja ser puro?
B. Você está usando o detergente divino?
C. O pecado manterá você afastado da Bíblia
D. A Bíblia manterá você afastado do pecado

PERMANECENDO EM CRISTO

João 15:1-11

I. Introdução

A. Jesus usa coisas conhecidas para explicar mistérios
  1. Promessas de mansões, o Espírito Santo, paz
  2. O pão, a luz, a porta
  3. O bom pastor, o caminho, a verdade, a vida

B. A Videira e os Ramos
  1. "Permanecer" aparece oito vezes em dez versos
  2. Ele permanece em nós (Apoc. 3:20; Col. 1:16)
  3. Nós permanecemos nele (v. 4-8)

C. Os benefícios de permanecer em Cristo

II. Corpo do Sermão

A. Permanecer nele torna eficazes nossas orações (v. 7)
  1. A oração fervorosa e eficaz de um homem justo (Tgo. 5:16)
  2. O pecado no coração impede respostas à oração (Salmo 66:18)
  3. A importância de uma vida de oração consistente:
    a. Em tempos de provação
    b. Quando uma febre assola teu filho
    c. Quando a falência financeira parece iminente
    d. Quando acaba a saúde e a força esvai-se
  4. Permanecer nele é estar sempre orando
  5. Nem sempre separamos tempo no preparo para as emergências

B. Permanecer nele torna permanente nosso fruto (v. 8)
  1. A garantia da frutificação contínua
    a. Desenvolvimento posterior nos versos 15-17
    b. Escolhidos para dar fruto (v. 16)
    c. Esse fruto permanecerá (v. 16)
  2. Isso inclui o fruto do Espírito (Gal. 5:22-23)
  3. Isso inclui também frutificação no testemunho
    a. A constância aumenta o número de convertidos
    b. Outros observam nosso fruto

4. O fruto do Espírito em cada reação do dia
5. Não devemos ficar impressionados por alguma frutificação
    a. Moisés desceu do Monte Sinai com brilho na face
    b. Ele não percebera que sua face estava brilhando

C. Permanecer nele torna celestial nossa alegria (v. 11)
1. Obediência terrena traz gozo celestial
2. "O gozo que lhe estava proposto (Hebr. 12:2)
3. Paulo e Silas estavam jubilosos mesmo na prisão (At. 16:25-32)
    a. Alegria celestial numa masmorra
    b. Alegria celestial com suas costas açoitadas e febris
    c. Alegria celestial à meia-noite
    d. Alegria celestial que causou um terremoto
4. Os crentes são exemplos terrenos da alegria celestial
5. Essa alegria permanece dentro de nós
6. Essa é a plenitude de alegria

III. Conclusão

A. Um chamado para a vida de permanência em Cristo
    a. Confissão de todos os pecados
    b. Comunhão constante com Cristo

B. Todas essas bênçãos advêm daquele que chama-nos de amigos (v. 15)

C. Permanecendo em Jesus estamos mais perto dele do que os amigos terrenos possam estar

A ORAÇÃO DO SENHOR

Mat.6:9-15

I. Introdução

A. Sessenta e seis palavras conhecidas

1. Citadas por milhões
2. Às vezes numa grande mistura de vozes
3. Às vezes a sós num local particular

B. Porque temos a Oração do Senhor:

1. Em resposta ao pedido dos discípulos: "Ensina-nos a orar"
2. Talvez devesse ser chamada: "A Oração dos discípulos"

C. Qual é o assunto dessa Oração Modelo?

II. Corpo do Senhor

A. Uma Oração que apela para um relacionamento com o Pai

1. "Nosso Pai"
2. Que palavra carinhosa!
   a. As muitas memórias de pais
   b. "Um pai dos órfãos" (Salmo 68:5)
   c. "Como um pai se compadece de seus filhos" (Salmo 103:13)
   d. "O Pai eterno" (Is. 9:6)
3. Somente um crente pode chamar Deus de "Pai"
4. Jesus veio para introduzir as pessoas na família de Deus
5. John R. Rice: "Nossa posição como filhos nascidos de novo; filhos de um Pai amorável que nos torna confiantes e ousados em nossa oração"

B. Uma Oração que apela por reverência relação a Deus

1 "Santificado seja o teu nome"
2. Devemos os aproximar de Deus com reverência e adoração
3. Reverência é mais do que ficar calado na igreja
4. Reverência é mais do que uma atitude solene durante o prelúdio
5. Reverência é o reconhecimento da santidade de Deus (Is. 6:1-6)

6. Reverência é um reconhecimento de pecado pessoal
7. Reverência é fé em nosso Deus santo e amorável
8. Reverência é viver santamente porque Deus é santo

C .Uma Oração que apela pelo Retorno do Senhor

1. "Venha o teu reino"
2. Fazer esta oração é orar pelo retorno de Cristo
   a. Os discípulos esperavam o reino
   b. Eles pensavam que o mundo estava preparado
   c. O mundo está mais pronto agora do que então
3. Cristo virá e estabelecerá seu reino:
   a. Haverá paz sobre toda a Terra
   b. A Terra se encherá do conhecimento do Senhor
   c. A inimizade entre pessoas e animais desaparecerá
   d. O deserto florescerá como uma rosa
   e. A terra produzirá colheitas abundantes
4. Em cada participação da Ceia do Senhor apontamos para o reino

III. Conclusão

A. Que modelo de oração maravilhoso!

1. Pode você fazer a oração do Senhor?
2. Você é um dos seus filhos? (João 1:12)

B. Está você pronto para o retorno de Nosso Senhor?

A ÚLTIMA ORAÇÃO NA BÍBLIA

Apoc. 22:20

I. Introdução

A. O último convite na Bíblia (22:17)

1. Um convite para todos virem a Cristo
2. Um chamado para todos convidarem: "Vem!"

B. A última oração na Bíblia é também um convite para vir

1. Não um convite para as pessoas, mas para Cristo
2. Deve estar sempre nos lábios de cada cristão

C. O que é a última oração na Bíblia?

II. Corpo do Sermão

A. Uma oração para o retorno imediato de Cristo

1. "Amém"
2. Uma resposta a: "Certamente venho cedo"
3. Esta oração começa com "Amém"
4. Uma oração que aceita o retorno de Cristo pela fé
5. Todas as coisas acerca de Cristo devem ser aceitas pela fé
   a. Os profetas do V.T. vislumbraram o futuro pela fé
   b. Seu nascimento, sua morte e ressurreição foram cumpridos
6. O retorno do Senhor é prometido ser repentino (Mat. 24:37-44)
   a. "Portanto vigiai" (Mat. 25:13)
   b. "Num momento" (I Cor. 15:51-52)

B. Uma oração pela interrupção dos nossos planos presentes

1. "Vem"
2. Todos fazemos planos
   a. Lugares planejados para ir
   b. Coisas planejadas para concluir
   c. Como controlar nossos planos (a vontade do Senhor) (Tiago 4:13-15)
3. Outras interrupções de nossos planos:
   a. Morte

b. Acidente
c. Enfermidade
4. Essa oração pede por melhor interrupção
5. Essa oração dá prioridade para o retorno de Cristo
a. Mais importante do que todos os nossos planos
b. Mais importante do que todos os nossos objetivos
6. Quão importante é o retorno de Cristo para você?
7. Quer você que Ele retorne imediatamente?

C. Uma oração para um encontro pessoal com Cristo
1. "Senhor Jesus"
2. Face a face com Cristo, nosso Salvador
3. A conclusão de João após vislumbrar o futuro
a. "Amém, vem Senhor Jesus"
b. João estava ansioso para Cristo retornar
c. Está você ansioso para Cristo retornar?
4. Essa é a "esperança abençoada"
5. É o retorno de Cristo tua esperança?

III. Conclusão

A. O que o retorno de Cristo significará?
1. A ressurreição doa mortos em Cristo
2. O arrebatamento dos crentes vivos
3. O recebimento dos galardões
4. Comunhão com Jesus no céu

B. É a última oração na Bíblia tua oração?

C. Se sim, ela purificará tua vida (I João 2:1-3)

UMA NAÇÃO CARENTE

Ex. 32:1-8

I. Introdução

A. Deus e a História das Nações

1. Deus está operando em todas as nações
2. Deus e nossa independência
   a. Sua fidelidade nos anos anteriores
   b. Sua direção aos fundadores batalhadores
   c. Sua direção na formação de uma terra de liberdade religiosa
3. Deus e sua obra em Israel:
   a. A libertação de Israel do Egito
   b. Uma nação que traria a Palavra de Deus ao mundo

B. A cena trágica

1. Moisés no Monte Sinai recebendo a Lei
2. A impaciência, a murmuração, o bezerro de ouro

C. Paralelos entre as carências de Israel e as nossas

II. Corpo do Sermão

A. Sua necessidade de relembrar seu passado (v.1)

1. Os dias difíceis no Egito (3:7-8)
   a. Tinham sido escravos de exatores cruéis
   b. Seus filhos eram afogados ao nascer
   c. Eles clamaram a Deus por livramento
2. Os começos humildes da América
   a. A coragem necessária para proclamar a independência
   b. Contingentes militares adicionais contra a obtenção da independência
   c. A liberdade parecia um sonho impossível a alguns
3. George Washington orando no Valley Forge
4. Nasce uma nação livre e independente

B. Sua necessidade de relembrar a provisão de Deus (v.4)

1. Deus providenciou um libertador
    a. Moisés e a sarça ardente (Ex. 3:2-4)
    b. "Eu desci para os livrar" (3:8)
2. As pragas trazidas sobre o Egito para libertá-los
3. A Páscoa; a abertura do Mar Vermelho; a nuvem e o fogo
4. Alimento de anjo (maná) e água da rocha
5. As grandes provisões de Deus para nós
    a. Vitória na Guerra Revolucionária
    b. Preservando a união durante a Guerra Civil
    c. Colheitas fartas; prosperidade, bênçãos abundantes

C. Sua necessidade de relembrar o propósito de Deus (v. 7-8)

Ser o povo de Deus (Ex. 6:7)

- a. Ser uma testemunha para outras nações
- b. Dar a Palavra de Deus ao mundo
- c. Receber a terra a eles prometida (6:8)

3. Deus tem tido um propósito para a América
    a. Um lugar onde as pessoas pudessem cultuá-lo livremente
    b. Uma nação para enviar missionários ao redor do mundo
    c. Uma nação que ajudasse seu povo, Israel

III. Conclusão

A. O recordar remete-nos aos fundamentos

1. Recordamos Deus operando em nossas vidas
2. Recordamos compromissos que fizemos com Ele

B. Os fundamentos da liberdade:

1. A liberdade flui da Bíblia (João 8:32)
2. A liberdade vem do nosso Salvador (8:36)

C. A América precisa retornar aos fundamentos

TORNEMOS PARA O SENHOR

Oseias 6:1

I. Introdução

A. O chamado de Oseias ao arrependimento

1. "Vinde, e retornemos ao Senhor"
2. "Ele nos feriu, mas com certeza vai nos curar
3. "Ele nos castigou, mas com certeza nos perdoará

B. Um chamado de esperança para uma nação aflita

1. A nação estava em decadência moral e religiosa
2. Oseias oferece cura e ajuda ao povo aflito

C. Porque essas pessoas precisavam retornar para o Senhor

II. Corpo do Sermão

A. Elas apartaram-se do Senhor e do seu culto (4:1)

1. Oseias não usa rodeios de palavras: fala claramente
2. A controvérsia do Senhor com o povo:
   a. Não há verdade na terra
   b. Não há misericórdia na terra
   c. Não há conhecimento de Deus na terra
3. A verdade brota do relacionamento correto com Deus (João 8:32)
4. A misericórdia brota do conhecimento do nosso Deus misericordioso (Salmo103:17)
5. O povo de Deus abandonou-o
   a. Eles não tinham tempo para Ele
   b. Coisas de menor importância tinham toda adoração deles
6. A nação precisava de um grande avivamento

A. O culto tornou-se formalismo

   b. O culto não era uma experiência transformadora de vida
   c. Faltava fé no culto deles

7. Poderia ser isso um comentário de nosso país hoje?

B. Eles apartaram-se do Senhor em suas palavras (4:2)

1. "Por jurar falso, por mentir"

2. As palavras medem nossa condição espiritual
    a. Elas revelam o que ocupa a mente
    b. Elas revelam o estado do coração (Mat.12:33-37)
3. As pessoas transformaram suas palavras em maledicência
    a. A maledicência é uma das marcas da decadência
    b. "Despojai-vos... das palavras torpes de vossa boca" (Col.3:8)
4. A mentira não pode ser tratada levianamente
    a. Satanás é um mentiroso (João 8:44)
    b. Os crentes devem deixar a mentira (Ef.4:25)
5. Um bom verso para eliminar o jurar falso e o mentir (Salmo 19:14)

C. Eles apartaram-se do Senhor em suas ações (4:2)
1. Três marcas da decadência de Israel naquele tempo:
    a. Matar (Ex. 20:13)
    b. Roubar (Ex. 20:15)
    c. Cometer adultério (Ex. 20:14)
2. Tudo isso proibido pelas Escrituras
3. Esses pecados são predominantes na América hoje
    a. Matar traz perigo a nossas ruas e lares
    b. Roubar afeta a todos
    c. Cometer adultério aumenta doenças e destrói casamentos

III. Conclusão

A. As pessoas são convidadas a retornar para o Senhor
1. Retornar apesar de seus pecados
2. Retornar e ser perdoado

B. Deus ainda chama os obstinados para retornar

C. Ele perdoará, purificará e vivificará (6:2)

COMO DEUS FALA

Hebr. 1:1-3

I. Introdução

A. As duas perguntas de um pregador puritano idoso:

1. Deus fala?
2. O que Ele diz?

B. O homem certamente fala:

1. A maior parte do que ele diz não é digno de repetir
2. Quão estranho nosso tagarelar sem fim deve soar aos anjos!

C. Deus falou e ainda continua falando

II. Corpo do Sermão

A. Deus falou no passado pelos profetas (v.1)

1. Deus não tem ficado silencioso
    a. Ele tem falado pelos profetas
    b. O V.T. é autenticado (isto é, estabelece o fato de que Deus falou)
2. Como Deus falou aos profetas:
    a. Algumas vezes através de anjos, como a Abraão (Gen. 18)
    b. Algumas vezes diretamente, como a Moisés (Ex. 3)
    c. Algumas vezes através da criação, como a Davi (Salmo 8)
    d. Algumas vezes através de visões, como a Daniel (7)
    e. Sempre pelo Espírito Santo (II Pe. 1:21)
3. As muitas profecias cumpridas e sendo cumpridas:
    a. Profecias acerca do nascimento de Cristo
    b. Profecias acerca da morte e ressurreição de Cristo
    c. Profecias acerca do retorno de Cristo
    d. Profecias acerca do reino de Cristo
    e. Profecias acerca dos movimentos das nações
    f. Profecias acerca do futuro de Israel

B. Deus tem falado nestes últimos dias (v.2)

1. "Nestes últimos dias"
    a. Do Pentecostes até o Reino (At. 2:17-20)

b. Ele está falando a nós agora
2. Deus não está em silêncio em nenhuma era
3. Desenvolvimentos proféticos através dos quais Ele está falando:
a. Multiplicação da ciência (Dan. 12:4)
b. Novas doenças (Mat. 24:7)
c. Sinais na natureza: terremotos (Mat. 24:7)
d. Decadência moral (Mat. 24:12)
e. Tecnologia preparada para o Anticristo (Apoc. 13)
f. O retorno dos judeus para sua pátria (Ez. 37)
4. O plano profético de Deus está sendo cumprido
5. Que grande tempo para estar vivo!

C. Deus falou-nos através de seu Filho (v. 2-3)
1. Tudo o que precisamos saber está em Jesus
2. Você quer saber acerca da graça de Deus?
Estude Jesus!
3. Você quer saber acerca do amor de Deus?
Estude Jesus!
4. Você quer saber acerca do poder de Deus?
Estude Jesus!
5. Você quer saber acerca da sabedoria de Deus?
Estude Jesus!
6. Você quer saber acerca do futuro?
Estude Jesus!

III. Conclusão

A. William R. Newell neste texto:
1. "O próprio Cristo, o Filho de Deus, é a mensagem de Deus"
2. "Cristo é... a voz pessoal e o dom eterno de Deus"

B. Deus está falando a você acerca de Jesus purificando teus pecados (v. 3)

C. Qual é tua resposta a Ele?

VENCENDO A TENTAÇÃO

I Cor. 10:13

I. Introdução

A. Porque a tentação aflige a todos

1. Todos somos alvos do tentador
2. Todos sentimos a sedução do mundo
3. Todos conhecemos os apetites da carne

B. Um texto para trazer vitória aos tentados

II. Corpo do Sermão

A. O tentador que enfrentamos:

1. Temos um adversário (I Pe. 5:8)
   a. Satanás é comparado a um leão que ruge
   b. Ele procura vítimas continuamente
2. Satanás é a fonte de tentação
   a. Tentação no Jardim do Éden (Gen. 3)
   b. A tentação de Jesus (Mat. 4)
3. O tentador é um enganador (II Cor. 11:3)
4. O tentador é um mentiroso (João 8:44)
5. O tentador é um ladrão (10:10)
6. Estamos equipados para vencer esse inimigo poderoso (I João 4:4)
   a. O Espírito Santo está dentro de cada crente
   b. O Espírito Santo é maior em poder do que nosso adversário

B. O Senhor que é fiel

1. "Mas fiel é Deus"
2. Deus limita a tentação ao grau que é suportável pelo homem
   a. A Satanás não é permitido não experimentar tentações
   b. Ao mundo não é permitido não conhecer seduções
   c. À carne não é permitido não experimentar cobiças
3. Outros têm sido tentados como vocês são hoje
   a. Alguns têm perdido a batalha
   b. Outros têm vencido

c. Você pode vencer

4. Deus limita a tentação ao grau que podemos resistir

a. A tentação não pode ser "acima do que podeis resistir"

b. Não diga que resistir é impossível para você

c. Deus garante que você está apto para a ocasião

d. Sua graça é suficiente para o teste de hoje

C. O meio de saída que devemos encontrar

1. Para cada tentação exige-se ter um meio de escape

2. Esta é a rota de escape divinamente preparada:

a. Deus sempre "dará um meio de saída"

b. Esse é o seu modo de mostrar seu amor

3. Rotas de escape que Deus tem proporcionado para outros que foram tentados:

a. Uma chamada telefônica oportuna

b. Um verso bíblico trazido à mente

c. O aparecimento de uma pessoa prestativa

4. No dia mais sombrio, Deus provê uma saída

III. Conclusão

A. Está você enfrentando tentação hoje?

1. Está prestes a ser derrotado?

2. Está a ponto de sucumbir ao tentador?

B. Você pode triunfar sobre essa tentação

1. Nosso Senhor enfrentou o tentador e derrotou-o

2. Ele te dará força e graça para também triunfar

O CASTIGO VIOLENTO QUE FOI USADO POR DEUS

II Reis 10:15-16

I. Introdução

A. O que sabemos acerca de Jeú

1. Mencionado primeiro em conexão com Elias (I Reis 19:16)
2. O profeta desencorajado deveria realizar três tarefas:
   a. Hazael será ungido rei sobre a Síria
   b. Jeú será ungido rei sobre Israel
   c. Eliseu será ungido profeta em lugar de Elias
3. Sabemos também que Jeú era um motorista rápido (II Reis 9:20)

B. A tarefa que deu Deus para Jeú realizar

1. Ele deveria destruir a casa de Acabe
2. Ele deveria erradicar o mal da terra

C. Jeú convida Jonadabe a unir-se a ele para completar sua tarefa

1. As palavras comoventes de Jeú a Jonadabe
2. Palavras boas para alguém procurar servir ao Senhor

II. Corpo do Sermão

A. Corações sinceros (v. 15)

1. "O teu coração é sincero para comigo, como o meu o é para contigo?"
2. A primeira exigência para fazer a obra de Deus
3. Nossos corações não são sinceros naturalmente
   a. "Enganoso e perverso" (Jer. 17:9)
   b. O mal procede do coração (Mat. 15:19)
   c. Cristo transforma-nos (II Cor. 5:17)
4. Grandes possibilidades do coração:
   a. Deus pode sondar o coração (Jer. 17:10)
   b. A Palavra de Deus discerne o coração (Hbr. 4:12)
   c. Cristo pode bater na porta do coração (Apoc.3:20)
   d. Podemos crer com o coração (Rom. 10:10)

e. O amor de Deus pode ser derramado no coração (Rom. 5:5)
f. A Palavra de Deus pode ser escondida no coração (Salmo 119:11)
g. A alegria de Deus pode estar no coração (Salmo 4:7)
5. Obstáculos de ter corações sinceros:
a. Pecado (Salmo 66:18)
b. Dureza (Rom. 2:5)
c. Lentos para crer (Luc. 24:25)
6. Quando o coração é sincero, estamos prontos para servir a Deus

B. Mãos unidas (v.15)
1. "Dá-me tua mão"
2. Um convite sincero para trabalhar juntos
3. Exemplos bíblicos e exortações para trabalhar juntos:
a. Quão bom e agradável (Salmo 133)
b. Todos unânimes (At.1: 14;2:1)
c. O mesmo modo de pensar (Filip. 2:2)
4. O poder de uma igreja unida

C. "ZELO SANTO" (v. 16)
1. "Vê o meu zelo para com o Senhor"
2. Podemos ter mais zelo nas igrejas hoje
3. A igreja de Laodiceia era morna, uma decepção
4. Precisamos de igrejas zelosas por Cristo, fervorosas

III. Conclusão

A. Mantenhamos nossos corações sinceros e nossas mãos unidas
B. Que a comunidade perceba nosso zelo pelo Senhor
C. Temos serviço a realizar para nosso Rei

"É melhor ter zelo sem conhecimento do que ter conhecimento sem zelo" (D.L.Moody)

PREPARANDO-SE PARA AS AFLIÇÕES

João 16:33

I. Introdução

A. Dias sombrios pela frente para os discípulos

1. A traição de Cristo por Judas
2. O julgamento quando iriam abandoná-lo e fugir
3. As negações de Cristo por parte de Pedro
4. A crucificação e morte de Cristo

B. Jesus preparou os discípulos para esses próximos dias sombrios:

1. Ele contou-lhes acerca do céu (João14:1-3)
2. Ele contou-lhes acerca do Espírito Santo (14:16-27)
3. Ele os chamou de seus amigos (15:13-15)

C. Por que esses ensinos trazem paz em tempos aflitos?

II. Corpo do Sermão

A. Como a esperança do céu traz-nos paz (João 14:1-3)?

1. Aqui todos temos aflições
    a. "No mundo tereis aflições"
    b. Participamos das aflições deste mundo
2. Os crentes encontram paz ao adotarem a visão a longo prazo
    a. Todas as aflições são temporárias
    b. Devemos olhar para além delas
    c. O melhor, porém, está por vir

3 "Não se turbe o vosso coração"
    a. Aqui temos miséria, porém mansões há pela frente
    b. Aqui há sofrimento, mas lugares preparados adiante

4. Aqui suportamos pessoas contrárias
5. Posteriormente passaremos a eternidade com Cristo
6. Outros podem abandonar-nos, mas Cristo está retornando para nós

B. Como o Espírito Santo traz-nos paz (14:16-27)?

1. Jesus chamou o Espírito Santo de Consolador
    a. Ele consola-nos quando estamos angustiados

b. Ele consola-nos quando nos sentimos abatidos
2. O Espírito Santo mora dentro de cada cristão
a. O consolo está disponível da parte dele todo o tempo
b. Ele ensina-nos a fé edificada na verdade
c. À medida que a fé aumenta, o medo diminui
3. O Espírito Santo lembra-nos da fidelidade de Deus
C. Como um amigo de Jesus provê paz (João 15:13-15)?
1. Os amigos ficam próximos em tempos de necessidade
a. Jesus está tão próximo quanto a videira de seus ramos
b. Jesus está tão próximo que permanecemos nele
c. Jesus está mais próximo do que um irmão ou irmã
2. Esse amigo ama-nos (15:13)
a. Ele morreu por nós
b. Ele nos chama de seus amigos
3. Esse amigo nunca nos abandonará (Hbr. 13:5)
a. Os discípulos o abandonaram e fugiram
b. Ele permaneceu fiel a eles
c. Ele permanecerá fiel a nós

III. Conclusão

A. Neste mundo teremos aflições
B. Em Cristo podemos ter paz
C. Cristo venceu o mundo
D. Confiando nele também seremos vencedores

PERDENDO E ACHANDO

Mat.16:25-26

I. Introdução

A. Jesus levou seus discípulos para um retiro

1. Cesareia de Filipe, norte do Vale do Jordão
2. Um lugar bonito para se retirar
3. Se não nos retirarmos, ficaremos divididos

B. Revelações nesse retiro:

1. A revelação da igreja
2. A revelação da cruz
3. A revelação de perder e achar
   a. O que isso significou para os discípulos
   b. O que isso significa para você e para mim

II. Corpo do Sermão

A. Salvar é perder (v. 25)

1. "Quem quiser perder a sua vida..."
2. Entregando tudo a Cristo, ganhamos:
   a. Isso é difícil para a natureza humana alcançar...
   b. O príncipe jovem e rico não o entendeu
   c. O rei Agripa quase entendeu (At. 26:28)
3. Abstendo-se de completa submissão, perdemos...
   a. Esse princípio é verdadeiro até na salvação
   b. A salvação não pode se constituir em parte de obras e em parte graça
   c. Cristo deve ser absoluto ou completamente impotente para salvar

B. Perder é achar (v.25)

1. "Quem perder sua vida..."
2. Analisando através do engano do pecado
3. Chegando a uma decisão de transformação de vida
4. Considere Moisés escolhendo ser identificado com o povo de Deus

        a. Ele perdeu sua posição no Egito (Hbr. 11:24-25)
        b. Ele ganhou um lugar no plano de Deus (11:26)
    5. O exemplo de Nicodemos vindo a Jesus de noite
    6. O exemplo dos discípulos deixando tudo para seguir Jesus
    7. O exemplo de Saulo tornando-se o Paulo missionário
    8. O que você perdeu por Jesus?
    9. Perdendo coisas temporais por Jesus traz grande lucro eterno
- C. Lucro é perda (v. 26)
    1. "Que aproveitará ao homem...?"
    2. Esta pode ser a lição mais difícil para aprender
        a. O mundo é tão sedutor
        b. Vemos o mundo mas não podemos ver a alma
        c. A maioria das pessoas está tentando ganhar o mundo
    3. Algum propósito terrestre está desviando você de Cristo?
    4. Jesus atribuiu um valor infinito à alma humana
    5. Que valor tem tua alma para você?
    6. Considere a cruz para aquilatar o valor de uma alma para Jesus
        a. Os pregos, os espinhos, o sofrimento, tudo pelas almas
        b. O derramamento do seu sangue na cruz pelas almas

III. Conclusão

- A. Este é um sermão acerca de submissão incondicional
    1. Está você disposto a considerar tudo como perda por Cristo?
    2. Está você escondendo dele alguma área de tua vida?
- B. Lembre-se de que perder é achar
- C. Submeta tudo a Ele hoje

ACEITANDO UM NOVO DESAFIO NA VIDA

Jos. 1:1-6

I. Introdução

A. Um capítulo fecha-se na abertura deste livro

1. Moisés é morto
    a. Moisés, quem guiou seu povo para fora da escravidão
    b. Moisés, quem recebeu a Lei de Deus
2. Isso simboliza o fim da dispensação da lei
    a. "Porque a lei foi dada por meio de Moisés" (João 1:17)
    b. Josué, um tipo de Cristo... seguiu Moisés
    c. "A graça e a verdade vieram por Jesus Cristo" (1:17)
3. Um novo capítulo abre-se na vida de Josué

II. Corpo do Sermão

O comissionamento (v. 2-4)

1. "Passa este Jordão"
    a. Josué guiará seu povo
    b. Moisés disse que esse dia chegaria (Dt. 31:1-8)
2. De que tamanho é teu pé, Josué? (v. 3-4)
    a. Todo o lugar por onde Josué andou foi-lhe dado
    b. Josué andou por lá como um espia (Num. 13:8)
    c. Ele viu a fertilidade dessa boa terra. (13:21-25)
3. O bom relatório de então de Josué e Calebe (14:6-9)
4. Os incrédulos, porém, venceram naquele dia
5. Agora Josué liderará a conquista de Canaã

B. O Conflito (v. 5)

1. Canaã foi ocupada
    a. Seus habitantes eram muito fortes
    b. Um problema maior: a cidade murada de Jericó
2. Os conflitos da vida cristã
    a. Conflito com o mundo (I João 2:15-17)
    b. Conflito com a carne (Gal. 5:19-21)
    c. Conflito com o Diabo (Ef. 6:10-18)

3. O conflito tem sido difícil para você hoje?

Redpath: "Você está no deserto da derrota ou na terra da vitória? É tua vida uma luta constante contra os poderes das trevas, com constante derrota ou é ela uma guerra vitoriosa travada no poder de um Senhor ressurreto?"

C. O Chamado para a Coragem (v. 6)

1. "Sê forte e tem bom ânimo"
2. Razões para Josué ter tido medo:
   a. Estava começando uma nova vocação
   b. Foi-lhe dada uma responsabilidade hesitante
   c. Seu herói tinha morrido
   d. Ele não era jovem
3. Razões para ser corajoso:
   a. O poder de Deus
   b. A presença de Deus
   c. As promessas de Deus
4. Josué estava equipado para vencer o conflito, e também estamos

III. Conclusão

A. Nosso Senhor tem boas coisas pela frente para seu povo:

1. A salvação é apenas o começo
2. Grandes vitórias são nossas a serem obtidas

B. Marchemos pela fé

C. Nenhum inimigo prevalecerá contra nós

D. Nosso Salvador vitorioso nos guiará por todo o caminho

AGOSTO

O FRUTO DO ESPÍRITO SANTO É AMOR

COMEÇA A SÉRIE "SOBRE O FRUTO DOESPÍRITO SANTO"

Gal.5:22

I. Introdução

A. O conselho de Paulo para uma igreja atribulada
  1. Uma igreja que tornou-se legalista
  2. Paulo chamou-os de volta para a graça

B. Paulo lembrou-lhes do Espírito Santo e da vida cristã
  1. A obra do Espírito Santo na conversão (3:3)
  2. O fruto do Espírito deveria seguir-se (v. 22-23)

C. A série sobre o fruto do Espírito Santo

D. O Fruto do Espírito Santo é Amor

II. Corpo do Sermão

A. O Amor a Deus
  1. Quão natural isso deveria ser
  2. O grande mandamento (Mat. 22:37)
  3. Evidências de que as pessoas não amam a Deus:
    a. O uso do seu nome em vão
    b. Falta se apreciação de suas bênçãos
    c. Vidas dedicadas às obras da carne
  4. A mudança ocorre na conversão:
    a. Um interesse novo pelo amor a Deus
    b. "Nós o amamos porque Ele nos amou primeiro" (I João 4:19)
  5. O amor a Deus de um crente pode esfriar (Apoc. 2:1-5)
  6. Qual é o fervor do teu amor?

B. Amor pela Família de Deus
  1. Somos nascidos na família de Deus pela fé em Cristo
    a. Toda uma sociedade de irmãos e irmãs
    b. Um relacionamento novo e ímpar

2. Provas de nova vida:
   a. "Amai-vos um ao outro" (João 13:34-35)
   b. "Amamos os irmãos" (I João 3:14)
3. A falta de amor em muitas igrejas
4. Os gálatas outrora amavam-se um ao outro
   a. Quando chegou o legalismo, o amor desapareceu
   b. Agora estavam destruindo-se um ao outro (5:15)
5. Paulo desejava ver o amor fluindo através deles novamente

C. Amor pelos perdidos
1. O Espírito Santo ocasiona sermos semelhantes a Jesus
2. O Senhor e seu amor pelos pecadores
   a. Ele veio para buscar e salvar o perdido. (Luc. 19:10)
   b. Ele foi criticado por amar os pecadores (15:2)
   c. Sua morte pelos pecadores provou seu amor (Rom. 5:8)
3. O Espírito Santo plenificou as pessoas para amar os pecadores e ministrar-lhes

III. Conclusão

A. Resumindo as Evidências da vida plena do Espírito Santo:
1. O amor a Deus
2. O Amor pela Família de Deus
3. O Amor pelos perdidos

B. Como reconheceremos esse amor?
1. É mais do que sensações sentimentais
2. É descrito em I Cor.13

C. Estar completamente submisso ao Espírito Santo

D. Seu amor fluirá através de você a cada dia

O FRUTO DO ESPÍRITO SANTO É ALEGRIA

SÉRIE "SOBRE O FRUTO DO ESPÍRITO SANTO" *Gal. 5:22*

I. Introdução

A. A guerra dentro de nós (v. 16-17)
  1. A guerra entre a carne e o Espírito Santo
  2. Uma guerra que começa quando alguém nasce de novo
  3. Paulo escreve com base na própria experiência (Rom 7).
  4. Ele encontrou vitória submetendo-se ao Espírito Santo (Rom. 8)

B. Examinando o Fruto do Espírito Santo
  1. O fruto do Espírito Santo é amor: último sermão
  2. O fruto do Espírito Santo é alegria

II. Corpo do Sermão

A. A alegria da Salvação (Salmo 51:12)
  1. Davi escreveu com um coração oprimido
     a. Ele tinha perdido a alegria da salvação
     b. Ele desejava tê-la novamente
  2. A alegria de saber que seus pecados estão perdoados (I João 1:7)
  3. A alegria de ser um filho de Deus (João 1:12)
  4. A alegria de saber que o céu está à frente (Filip.1:21-23)
  5. A alegria de estar em paz com Deus (Rom. 5:1)

B. A alegria de uma vida frutífera (João 15:11)
  1. Precisamos avaliar nossa condição espiritual frequentemente
  2. É a alegria do Senhor nossa experiência diária?
     a. Se não, por que não?
     b. O que precisa ser corrigido?
  3. Estamos permanecendo em Cristo?
     a. Submissos a Ele completamente
     b. Mantendo uma vida devocional vigorosa
     c. Alimentando-se da Palavra de Deus diariamente
     d. Confessando todo pecado conhecido
  4. O relato comovente da videira e os ramos

a. Estamos absorvendo vida de Jesus diariamente?
b. Estamos produzindo fruto para Ele?

C. A alegria da oração respondida (16:24)

1. O Espírito Santo e nossa vida de oração
    a. Ele guia-nos a orar (Rom. 8:14)
    b. Ele orienta-nos quando oramos (8:15)
    c. Ele testifica quando oramos (8:16)
    d. Ele intercede quando não sabemos como orar (8:26)
2. A alegria aumenta quando oramos em nome de Jesus
3. A alegria acompanha as respostas às orações.

D. A alegria de levar outros a Cristo (I Tess. 2:19)

1. Essa é uma das razões para haver alegria no céu
2. Isso traz alegria aos anjos (Luc. 15:7,10)
3. Isso tornou a cruz suportável para Jesus(Hbr.12:2)
4. O ciclo abençoado da alegria:
    a. A alegria da vida plena do Espírito Santo produz convertido
    b. Vendo os frutos do testemunhar aumenta a alegria

III. Conclusão

A. A alegria produzida pelo Espírito Santo não pode ser externa

1. O fruto do Espírito Santo vem de dentro
2. O Espírito Santo está dentro de cada filho de Deus

B. Parem de entristecer o Espírito Santo (Ef.4:30)

C. Parem de atrapalhar a ação do Espírito Santo (II Tess. 5:19)

D. Experimente a alegria do Senhor

O FRUTO DO ESPÍRITO SANTO É PAZ

SÉRIE "SOBRE O FRUTO DO ESPÍRITO SANTO" *Gal.5:22*

I. Introdução

A. Que fruto excelente o Espírito Santo produz!

1. Amor, alegria, paz, tudo para enriquecer nossas vidas
2. Deus quer produzir coisas boas dentro de nós

B. Fruto e obras contrastadas:

1. As obras advêm de esforço carnal
2. O fruto cresce a partir da vida interior

C. O Espírito Santo quer trazer paz para tua vida

II. Corpo do Sermão

A. Paz com Deus (Rom. 5:1)

1. Não estamos naturalmente em paz com Deus
   a. O pecado quebrou o relacionamento pacífico do Éden
   b. Esse é o motivo porque o mundo está atribulado
2. A busca pela paz
   a. Tentando encontrar paz no prazer
   b. Tentando encontrar paz na diversão
   c. Tentando encontrar paz nas substâncias (álcool, drogas)
   d. Tentando encontrar paz na segurança financeira
3. Não há paz sem Deus (Is. 57:19-21)
4. Cristo veio trazer-nos paz
   a. Ele morreu pelos pecadores (Rom 5:6-9)
   b. Ele é a fonte da paz (Ef. 2:13-17)
5. Um passo a mais
   a. Alguns têm a paz com Deus, mas não sentem plena paz
   b. A paz com Deus não deveria estar limitada à paz posicional
   c. A paz com Deus deveria ser nossa experiência diária

B. A paz de Deus (Filip. 4:6-7)

1. Essa é a paz em todas as circunstâncias
   a. Quando as coisas não vão bem
   b. Quando a ansiedade também quer tomar o lugar da paz

2. Paz quando os saldos estão baixos e os débitos, altos
3. Paz quando a saúde está incerta
4. Paz quando as tempestades estão violentas
5. A fórmula de Deus para esse tipo de paz:
    a. Oração: o Espírito Santo sugere a oração
    b. Ação de graças: o Espírito Santo produz ação de graças
    c. Fé: o Espírito Santo concede fé

C. Paz com outros (Ef. 4:1-3)
1. O Espírito Santo derruba barreiras entre os crentes
2 "A unidade do Espírito Santo no vínculo da paz"
    a. Essa é sempre uma característica do avivamento
    b. Considere a igreja primitiva (At. 1:14; 2:1)
3. Coisas que entristecem o Espírito Santo (Ef. 4:30)
    a. Amargura
    b. Ira
    c. Maledicência
4. O Espírito Santo pode refazer teus relacionamentos

III. Conclusão

A. Não atrapalheis a ação do Espírito Santo
1. Parem de resistir ao Espírito Santo
2. Sede sensíveis à sua voz

B. Permitam que a paz do Espírito Santo reine em vossos corações

O FRUTO DO ESPÍRITO SANTO É LONGANIMIDADE (Paciência)

SÉRIE "SOBRE O FRUTO DO ESPÍRITO SANTO" *Gal. 5:22*

I. Introdução

A. Um dos frutos mais necessários para produzir

1. A paciência não ocorre facilmente para a maioria
2. Convites para dar ao Espírito Santo controle completo

B. Revisão da Série:

1. O Fruto do Espírito Santo é Amor
2. O Fruto do Espírito Santo é Alegria
3. O Fruto do Espírito Santo é Paz

C. Paciência e a vida cristã

II. Corpo do Sermão

A. Exortações em relação à paciência:

1. Deus frequentemente pede-nos para esperar:
   a. "Espera tu pelo Senhor" (Salmo (27:14)
   b. "Descansa paciente e espera nele" (37:7)
   c. "Espera somente no Senhor"(62:5)
   d. "Os que esperam no Senhor" (Is. 40:31)
   e. "Bom é o Senhor para os que esperam nele" (Lam. 3:25)
3. Os discípulos deviam esperar pelo Espírito Santo (At. 1:4)
4. Devemos esperar dos céus pelo seu Filho (I Tess.1:10)
5. Os cristãos devem participar da corrida com paciência (Hbr. 12:1)

B. Exemplos de paciência:

1. Jó é o exemplo mais comum
   a. Paciente quando sua família e fortuna foram levados
   b. Paciente quando sua esposa incitou-o amaldiçoar a Deus e morrer
2. A paciência de Sadraque, Mesaque e Abednego (Dan. 3)
3. A paciência de Daniel na cova dos leões (Dan. 6)
4. A paciência de Paulo e Silas na prisão (At. 16:25-32)

5. Jesus é o maior exemplo de paciência:
   a. Sua paciência ante Pilatos
   b. Sua paciência na cruz
   c. Sua paciência no retorno (II Pe. 3:9)

C. Oportunidades excelentes para testemunhar através da paciência:
1. Maridos pacientes podem ganhar suas esposas para Cristo
2. Esposas pacientes podem ganhar para Cristo seus maridos
3. Empregados pacientes podem ganhar seus patrões
4. Motoristas pacientes impressionam outros motoristas
5. Pessoas pacientes destacam-se numa multidão
6. Observadores das pessoas pacientes admiram-se de como elas conseguem ter paciência
   a. Acreditam que seu testemunho seja verdadeiro
   b. Oportunidades tais são dignas de serem aguardadas
7. Outros veem o Espírito Santo operando através das pessoas pacientes

III. Conclusão

A. Você pode ser paciente
1. O Espírito Santo te dará tranquilidade
2. Tua paciência depende do teu grau de submissão

B. Como o fruto do Espírito Santo desenvolve-se
1. Amor, alegria, paz, paciência
2. Cada um é fortalecido pelos anteriores
3. Todos fluem do amor

O FRUTO DO ESPÍRITO SANTO É BENIGNIDADE (Delicadeza)

SÉRIE "SOBRE O FRUTO DO ESPÍRITO SANTO" *Gal.5:22*

I. Introdução

A. Fatos importantes acerca do Espírito Santo:

1. O Espírito Santo é Deus
2. O Espírito Santo leva-nos a Cristo
3. O Espírito Santo habita dentro de cada cristão

B. Como ser cheio do Espírito Santo:

1. Parem de entristecer o Espírito Santo (Ef. 4:30)
2. Parem de atrapalhar a ação do Espírito Santo (I Tess. 5:19)
3. Comecem a andar dirigidos pelo Espírito Santo (Gal. 5:16)

C. O fruto do Espírito Santo deveria ser evidente em nós

D. O fruto do Espírito Santo é benignidade

II. Corpo do Sermão

A. Benignidade nas Escrituras

1. Deus é benigno conosco
   a. "Um Deus de grande benignidade (Neem. 9:17)
   b. "Sua maravilhosa benignidade" (Salmo 31:21)
   c. "Sua compassiva benignidade" (Salmo 117:2)
   d. "Sua terna benignidade" (103:4)
   e. "Benignidade eterna" (Is. 54:8)
2. Nossa benignidade para com outros
   a. Como uma demonstração de amor (I Cor. 13:4)
   b. Como um resultado de não entristecer o Espírito Santo (Ef. 4:32)
   c. Conselho aos romanos (Rom. 12:10)
   d. Como uma evidência de crescimento cristão (II Pe. 1:7)

B. Benignidade em nosso falar

1. Um lugar muito importante para a benignidade
2. O falar como teste de cristianismo genuíno (Tg. 3:2)
3. A contradição entre palavras benignas e ofensivas (3:9)

        a. "Com ela bendizemos a Deus"
        b. "Com ela amaldiçoamos os homens"
    4. A aspereza de palavra é tão prejudicial à causa de Cristo
        a. Palavras ásperas que não podem ser recolhidas
        b. Palavras ásperas que magoam a quem amamos
        c. Palavras ásperas que dividem igrejas
    5. Palavras benignas vêm do Espírito Santo
        a. Palavras de conforto
        b. Palavras de encorajamento
        c. Palavras que edificam a fé
C. A benignidade associada aos nossos recursos materiais:
    1. O exemplo da igreja primitiva (At. 2:44-45)
    2. As coletas de Paulo para os santos (I Cor. 16:1)
    3. Benignidade no dar requerida pela Bíblia:
        a. "Dá a quem te pedir" (Mat. 5:42)
        b. "Um copo de água" (Mc. 9:41)
        c. "Repartir com aquele que tem necessidade" (Ef. 4:28)
    4. A benignidade é outra dimensão do amor

III. Conclusão

A. A benignidade revela nosso grau de submissão ao Senhor
B. O egoísmo revela nosso grau de carnalidade
C. Veem os outros em nós a benignidade de Cristo?
D. Amor, alegria, paz, paciência, benignidade
    1. Propósitos do Espírito Santo para você e para mim
    2. Desenvolvendo dentro de nós o caráter de Cristo

O FRUTO DO ESPÍRITO SANTO É BONDADE

SÉRIE "SOBRE O FRUTO DO ESPÍRITO SANTO" *Gal.5:22*

I. Introdução

A. O Fruto do Espírito Santo e a limitação humana
   1. Amor, alegria, paz, paciência, benignidade, bondade
   2. Padrões mais elevados do que possamos alcançar
   3. O Espírito Santo é quem os produz em nós

B. Não as obras do Espírito Santo, mas o Fruto do Espírito Santo
   1. A salvação não é uma reforma, mas regeneração
   2. As mudanças interiores não devido à imitação, mas ao poder residente
   3. O Espírito Santo está operando boas coisas em nós

C. Descrevendo a bondade

II. Corpo do Sermão

A. Uma Disposição boa
   1. Isto é diferente de um bom humor
      a. Os humores vêm e vão
      b. Os humores são instáveis como o clima
   2. Uma disposição boa é uma parte da personalidade
      a. Porém, é mais do que uma característica herdada
      b. Esse é um modo de vida compatível com o amor de Deus
      c. Consiste em amar os outros como Deus nos ama
   3. Uma disposição boa facilita-nos viver em sociedade
   4. Uma disposição boa aproxima-nos cada dia
   5. Uma disposição boa demonstra amor, alegria, paz, paciência, benignidade

B. Uma atitude boa
   1. Isto é amabilidade (*Pulpit Commentary*)
   2. Uma pessoa cheia do Espírito Santo é amigável
   3. Você é amigável?
   4. Jesus estava pronto para ajudar os necessitados

a. Ele era um amigo dos pecadores

B. Sempre alcançando os sofredores

5. Procure pelo melhor nas pessoas
   a. Não enfatizando as faltas
   b. Não lamentando, não difamando
6. Você precisa de uma atitude melhor em casa, na igreja, no trabalho?

C. Deseje fazer bem aos outros

1. As boas obras não operam a salvação (Ef. 2:8-9)
   a. Somos salvos pela graça mediante a fé
   b. Não podemos obter o céu através de boas obras
2. As boas obras devem ser a evidência de vida nova
   a. "Criados para boas-novas" (2:10)
   b. "A fé sem obras é morta" (Tg. 2:26)
3. Agarrando oportunidades de fazer bem a outros:
   a. Visitando enfermos
   b. Cuidando das viúvas
   c. Repartindo com os pobres
   d. Confortando os entristecidos
   e. Levando os fardos uns dos outros

III. Conclusão

A. Tempo para uma avaliação

1. Avaliando tua disposição
2. Avaliando tua atitude
3. Avaliando teu serviço pelos outros

B. Que mudanças precisam ser feitas?

C. Permita que o Espírito Santo faça-as

O FRUTO DO ESPÍRITO SANTO É FÉ

SÉRIE "SOBRE O FRUTO DO ESPÍRITO SANTO" *Gal.5:22*

I. Introdução

A. A obra do Espírito Santo

1. Você está aqui por causa da sua obra
2. Se você é uma pessoa perdida, sua obra é levar você a Cristo
3. Se você é um crente, sua obra foi produzir teu novo nascimento
4. Se você é um apóstata, sua obra é restaurar-te

B. O corpo do crente é o templo do Espírito Santo

1. Sua presença interna revelada no fruto que Ele produz
2. O fruto do Espírito Santo é fé

II. Corpo do Sermão

A. Fé que é humilde (Mat. 18:1-4)

1. Alguns tornam a fé complicada
2. Jesus ilustrou a fé com uma criancinha
    a. A criancinha comparada aos fariseus
    b. A criancinha comparada aos discípulos de Jesus
3. Jesus tornou fáceis de entender as coisas difíceis
    a. Ele comparou as coisas conhecidas com as espirituais
    b. Uma criancinha simplesmente crê
4. Deus o disse: eu o creio; isso estabelece-o
5. A fé que dispensa o cerimonial religioso e crê
6. A fé que não teme diante de títulos e posições
7. A fé que não coloca limites no poder e amor de Deus

B. Fé que responde a todos os desafios da vida (Hbr. 11)

1. A fé é fundamentada na convicção de que Deus pode fazer algo
2. A fé fez com que Abel cultuasse a Deus (Hbr. 11:4)
3. A fé fez com que Enoque andasse com Deus (11:5)
4. A fé fez com que Noé trabalhasse para Deus (11:7)
5. A fé fez com que Abraão obedecesse a Deus (11:8)
6. A fé sustentou a muitos em tempos difíceis

7. A fé remove todos os limites na competência de Deus para prover
8. A fé requer os recursos de Deus em cada crise
9. A fé heroica é o fruto do Espírito Santo
10. "Se podes! Tudo é possível ao que crê" (Mc. 9:23)

C. Fé que prova que a vida do crente é diferente (Tg. 2:18)
1. A fé no seu sentido mais profundo e amplo
2. Pode ser traduzida por "fidelidade"
3. Isto é completar a dimensão da fé
4. Produz evidência visível: lealdade:
   a. Lealdade a Cristo
   b. Lealdade à sua Palavra
   c. Lealdade à sua obra na igreja local
   d. Lealdade no uso de talentos e dons
   e. Lealdade no uso de recursos materiais

III. Conclusão

A. Descreva tua fé:
1. É ela humilde?
2. É ela suficiente para os desafios da vida?
3. Ela transformou tua vida?

B. Você precisa de uma grande fé?
1. Retorne à Bíblia (Rom. 10:17)
2. Encha-se do Espírito Santo (Ef. 5:19)

C. Submeta tua vida ao Senhor e perceba tua fé crescer

O FRUTO DO ESPÍRITO SANTO É MANSIDÃO

SÉRIE "SOBRE O FRUTO DO ESPÍRITO SANTO" *Gal. 5:23*

I. Introdução

A. O Espírito Santo e o Crente

1. Entra no crente na conversão a Cristo (I Cor. 6:19)
2. Batiza o crente no Corpo de Cristo (12:13)
3. Sela o crente no dia da redenção (Ef. 4:30)

B. O Fruto do Espírito Santo é a experiência cristã normal

C. Mansidão como o fruto do Espírito Santo

1. Mansidão é possuir uma disposição paciente e gentil
2. Mansidão é submissão humilde à vontade de Deus

D. Exemplos de mansidão na Bíblia

II. Corpo do Sermão

A. O aprendiz manso (Tg. 1:21)

1. Recebendo a Palavra de Deus com mansidão
2. Humildade em receber o que Deus tem a dizer-nos
    a. A ausência de orgulho
    b. O oposto de rebelião
3. Receber a Palavra de Deus significa tê-la dentro
    a. Convites para ler a Bíblia regularmente e em oração
    b. Convites para ouvir a Bíblia coerentemente
    c. Convites para ouvi-la com o coração
    d. Apelos para impedir mensagens menos importantes
4. Como criancinhas aprendendo coisas novas
5. Ansiosos por fazer a vontade de Deus a qualquer custo
6. Concentração total no que Deus diz-nos
    a. Eliminando a influência carnal
    b. Recebendo a verdade bíblica

B. O Líder Manso (Num.12:3)

1. Moisés era o mais manso dos homens
    a. Quão surpreendente
    b. O homem que enfrentaria Faraó

c. O homem que libertaria seu povo

2. Você ficou confuso acerca do procedimento de um líder?

a. Os líderes não precisam ser necessariamente dinâmicos

b. Os líderes não precisam ser necessariamente ditadores

3. A humildade é mais importante do que as credenciais impressionantes

4. A submissão à vontade de Deus é mais importante do que relações públicas

5.T em o orgulho impedido você do melhor de Deus?

6. Descubra sinais de mansidão em você mesmo e nos outros

C. O Cordeiro Manso (Mat. 11:29)

1. "Eu sou manso", disse Jesus

2. Ele era o Cordeiro de Deus (João 1:29)

a. O que poderia ser mais manso do que um cordeiro?

b. O cordeiro para o sacrifício

3. Ele não opôs-se à crucificação (I Pe. 2:21-25)

4. "Não se faça a minha, mas a tua vontade" (Luc. 22:42)

5. Jesus é o exemplo supremo de mansidão

III. Conclusão

A. Você sempre exige que as coisas sejam do seu modo?

1. Tem você dificuldade em concordar com os outros?

2. Você fica irado quando as coisas não saem do seu jeito?

B. Peça ao Espírito Santo que conceda mansidão

C. Ele produzirá a mansidão de Jesus em você

SETEMBRO

O FRUTO DO ESPÍRITO SANTO É TEMPERANÇA (Domínio próprio)

TERMINA A SÉRIE "SOBRE O FRUTO DO ESPÍRITO SANTO" *Gal. 5:23; Filip. 4:13*

I. Introdução

A. Soluções e Remorsos
1. Boas intenções frequentemente terminam em fracasso
2. Quando áreas da vida estão fora de controle
a. "Nunca farei isso novamente"
b. "Vou deixar de fumar, beber ,ganhar peso"
c. "Estou tentando controlar minha língua"

B. O Espírito Santo oferece autocontrole
1. O fruto que nos liberta do desespero
2. O fruto que capacita-nos a vencer

C. Como obter autocontrole

II. Corpo do Sermão

A. Troque tua autoconfiança pela fé (Filip. 4:13)
1. "Posso todas as coisas"
2. Um mais e um menos acerca da autoconfiança
a. A autoconfiança capacita-nos a alcançar algumas coisas
b. A autoconfiança limita-nos ao potencial humano
3. O Espírito Santo acrescenta uma dimensão divina
a. Josué liderando seu povo na vitória sobre Jericó
b. O jovem Davi derrotando o poderoso Golias
c. Os discípulos iletrados transtornando o mundo
4. A derrota pode ser mudada em vitória no poder de Deus
a. Toda a disciplina que precisamos está disponível no Senhor
b. Disciplina é autocontrole em ação
c. A disciplina é a evidência do poder do Espírito Santo

    5. Confie em Deus para capacitar-te para o que você deve fazer
- B. Troque teu poder pelo poder de Deus. (Filip. 4:13)
    1. "Posso tudo através de Cristo"
        a. Troque teu "eu quero" pelo "eu posso"
        b. "Você pode" através do poder de Deus
    2. Você tem tentado vencer com o poder da vontade
        a. O poder da tua vontade é limitado
        b. O poder de Deus é ilimitado
        c. O poder ilimitado de Deus é operativo em você
        d. A submissão ao Espírito Santo provê autocontrole
    3. Cada cristão está equipado para vencer
- C. Troque tua fraqueza pela força de Deus (Filip. 4:13)
    1. "Naquele que me fortalece"
    2. Teu poder é limitado
        a. Não é de admirar que você tenha falhado
        b. As boas intenções não foram compreendidas
    3. Retorne para o poder ilimitado de Deus
        a. Só você pode tomar essa decisão
        b. Não há vitória que você não possa obter

III. Conclusão

- A. Troque tua culpa pelo perdão de Deus
    1. A culpa acerca de falhas passadas causa depressão
        a. Não queremos tentar novamente
        b. Começamos pensar como perdedores
    2. A culpa é real porque todos pecaram
    3. Deus perdoa os culpados (I João 1:9)
    4. Deus quer te fazer um vencedor
- B. O fruto do Espírito Santo mudará tua vida
- C. Dê ao Espírito Santo hoje o controle completo

O MAIS IMPORTANTE ENCONTRO MARCADO DE UM CRISTÃO

II Cor. 5:10

I. Introdução

A. Uma era de encontros marcados
   1. Encontros marcados com médicos, dentistas, mecânicos
   2. Algumas vezes os encontros marcados terrestres são cancelados

B. Um encontro marcado ao qual todo cristão deve comparecer
   1. Mais importante que qualquer outro encontro marcado
   2. Um encontro marcado que não será reagendado

C. Esse encontro marcado é o Julgamento do Tribunal de Cristo

II. Corpo do Sermão

A. Deveremos permanecer diante daquele que nos salvou
   1. É um encontro marcado somente para crentes
   2. As pessoas perdidas serão julgadas depois (Apoc.20:5)
   3. Nenhum cristão será dispensado ("É necessário")
   4. Nenhum cristão será deixado fora ("todos nós")
   5. Pense acerca daquele que encontraremos:
      a. Aquele que desceu para salvar-nos
      b. Aquele que suportou a cruz por nós
      c. Aquele que ressuscitou por nós
      d. Aquele que levou nossos pecados
      e. Aquele que ouviu nossas orações
   6. Devemos viver com esse encontro marcado na mente

B. Deveremos permanecer diante daquele que tudo conhece acerca de nós
   1. "Todos devemos comparecer" (para sermos julgados)
   2. Permanecendo diante daquele que conhece suas ovelhas (João 10:27)
      a. Nada será escondido dele
      b. Nenhuma maneira há para bloquear nosso caminho para esse encontro

3. Algumas coisas que Jesus sabe acerca de nós:
   a. O que ocupa nossas mentes
   b. O que lemos em casa e no trabalho
   c. Como gastamos ou ofertamos nosso dinheiro
   d. O grau de nossa dedicação
   e. Os desejos secretos dos nossos corações
4. Que ajustes deve você fazer antes desse encontro?
   a. Que mudanças nas prioridades?
   b. Que mudanças nos propósitos?

C. Devemos permanecer diante daquele que nos comissionou
1. Cada cristão foi comissionado para servir:
   a. Devemos ser embaixadores por Cristo (II Cor. 5:20)
   b .Devemos ser testemunhas por Cristo (At.1:8)
   c. Devemos ser seus luminares num mundo tenebroso (Filip. 2:15)
2. Galardões dados nesse encontro marcado (Apoc. 22:12)
   a. A coroa de glória por almas ganhas (I Tess. 2:19)
   b. A coroa da justiça aos que amam seu retorno (II Tim. 4:8)
   c. A coroa da vida pelo sofrimento (Tg. 1:12)
   d. A coroa da glória por alimentar o povo de Deus (I Pe. 5:4)
3. Os galardões serão concedidos na base de como temos vivido:
   a. O que temos feito no corpo
   b. O bem ou o mal

III. Conclusão

A. O Julgamento do Tribunal de Cristo segue o arrebatamento da igreja

B. Os sinais do Retorno do Senhor multiplicam-se

C. O teu encontro marcado mais importante está cada dia mais perto

VIVER SEM ANSIEDADE

Mat. 6:25-34

I. Introdução

A. Um texto para vencer a ansiedade
   1. Um texto para todos
   2. Quem escapou da tentação do medo?
   3. A ansiedade é o oposto da fé

B. Um texto fácil de entender
   1. Fala de alimento e roupa
   2. Fala de pássaros e flores

C. Passos para viver sem ansiedade

II. Corpo do Sermão

A. Olhe ao redor de você (v. 25-31)
   1. Não estejais ansiosos quanto à vossa vida
      a. Pare de preocupar-se acerca da sobrevivência
      b. Despreze a ansiedade acerca das provisões diárias
   2.Deus não providenciou alimento e roupa no passado?
      a. Quantas vezes você passou fome?
      b. Quantas vezes te faltou roupa?
   3. Deus alimenta os pássaros
      a. Eles não semeiam nem colhem
      b. Eles nunca fazem colheitas, nem estocam alimento
   4. Deus veste as flores
      a. Elas não fazem pétalas
      b. Deus as faz belas cada ano
      c. Elas são vestidas melhor do que Salomão
   5. Você é muito mais importante do que pássaros ou flores
   6. Você é o alvo do amor e atenção de Deus

B. Olhe acima de você (v. 32-33)
   1. "Vosso Pai celestial sabe"
      a. Quanto conforto nessas palavras
      b. Nada pega Deus de surpresa

2. Enquanto você esteve ansioso:
   a. Deus esteve trabalhando
   b. Deus esteve cônscio e ativo
3. Não se comporte igual aos sem fé (v. 32)
   a. A ansiedade atrapalha teu testemunho
   b. Outros precisam observar tua fé
4. A grande promessa de fé e provisão (6:33)
   a. Busquem primeiro Deus
   b. Tudo o mais vos será acrescentado

C. Viva um dia de cada vez (v. 34)
1. Pare de ficar ansioso acerca do amanhã:
   a. A preocupação não provê força para amanhã
   b. A preocupação apenas retira a força de hoje
2. O amanhã até poderá ser difícil
3. Você se sente bem por hoje?
4. Amanhã Deus também estará vivo

III. Conclusão

A. Um plano bíblico para viver sem ansiedade:
1. Lembre-se de que Deus te ama; a cruz prova seu amor
2. Recuse carregar hoje os fardos de amanhã
3. Troque a preocupação por pensamentos positivos e louvor (Filip. 4:6-8)

B. Pare com essa ansiedade pecaminosa

C. Confie em Deus para demonstrar seu amor

CONFESSANDO CRISTO PUBLICAMENTE

Luc. 12:8

I. Introdução

A. Você considera-se um crente secreto?
   1. Por que alguém quereria ficar quieto acerca de Jesus?
   2. Por que não contar ao mundo acerca do Salvador?
   3. José de Arimateia quebrou seu silêncio após a cruz

B. Uma promessa grande acerca de confessar Cristo abertamente
   1. Confessar a Cristo diante dos homens traz recompensas
   2. Ele nos confessará diante dos anjos

C. Confessar a Cristo publicamente é tão simples como o A-B-C

II. Corpo do Sermão

A. Aceitando Cristo confessando-o com nossos lábios (Rom. 10:9)
   1. "Confessar com tua boca"
   2. Falar sobre nossa recém-encontrada fé é normal
      a. Devemos permitir que outros saibam que fomos salvos
      b. Isso frequentemente traz outros a Cristo
   3. "Digam-no os redimidos do Senhor"(Salmo 107:2)
   4. Pedro e João não podiam calar-se acerca de Cristo (At. 4:20)
   5. Os novos convertidos são frequentemente os melhores evangelistas
      a. A alegria deles convence outros a crer
      b. A explicação da transformação neles resulta em mais convertidos
   6. Nunca deveríamos nos envergonhar de falar de Jesus

B. Confessando a Cristo pelo Batismo (Mat. 28:18-20)
   1. A importância do batismo na Grande Comissão
   2. O batismo era público e importante para a igreja primitiva
      a. Três mil convertidos batizados (At. 2:41)
      b. Felipe batizou seu convertido etíope (At. 8:36-40)
      c. Paulo foi batizado (At. 9:18)
      d. Cornélio foi batizado (At. 10:47-48)

3. O batismo é um quadro do evangelho
4. O batismo é identificação pública com Jesus:
   a. Identificação com sua morte
   b. Identificação com seu sepultamento
   c. Identificação com sua ressurreição
5. Você foi batizado?
6. Teu batismo pode levar alguém a Cristo

C. Confessando Cristo pela transparência na vida cristã (II Cor. 3:2)
1. "'Cartas vivas' conhecidas e lidas por todos os homens"
   a. O mundo está olhando para os cristãos que são genuínos
   b. Outros julgam Cristo pela maneira como vivemos
2. "Todos os cristãos são ou Bíblias ou difamações" (F. B. Meyer)
3. "Quando um homem torna-se um cristão até seu cão ou gato deveria saber disso" (Rowland Hill)
4. Características de Cristo que deveriam ser confessadas por nós:
   a. Seu amor pelas pessoas.
   b. Sua compaixão pelos que estão em sofrimento ou necessidades
   c. Seu desejo de perdoar
   d. Sua humildade (Filip. 2:5-7)

III. Conclusão

A. Tem você confessado Cristo por palavras hoje?
B. Você já foi batizado desde que creu?
C. Está desenvolvendo uma vida cristã transparente?
D. Acha você que os anjos estão atentos?
E. E os outros também estão interessados?

QUE DOUTRINA NOVA É ESSA?

At. 17:16-34

I. Introdução

A. Paulo em Atenas

1. O grande centro literário do mundo antigo
2. Paulo ordenou que Silas e Timóteo se juntassem a ele (v. 15)

B. Paulo encontra uma cidade entregue à idolatria

1. "Era mais fácil encontrar um deus do que um homem (filósofo grego)
2. "Praticamente toda a divindade falsa adorada sobre a terra podia ser encontrada em Atenas" (Ironside)

C. Paulo apresentando Cristo a uma cidade investigadora

II. Corpo do Sermão

A. Cristo é a satisfação do desejo intelectual (v. 17-21)

1. Paulo na sinagoga e no mercado
2. Os filósofos desafiam-no
    a. O que este tagarela quer dizer?
    b. Eles esperavam que ele contasse-lhes alguma novidade
3. Atenas era o centro filosófico do mundo
    a. Os epicureus ensinavam a autoexpressão
    b. Os estoicos ensinavam a autorrepressão
4. Paulo ensinava-lhes acerca da cruz e ressurreição de Jesus
    a. Profundo o bastante para filósofos ponderarem
    b. Porém, simples o bastante para uma criança receber
5. Cristo era o intelectual dos intelectuais
    a. Perguntando e respondendo perguntas no templo aos 12 anos
    b. Ele falou com autoridade e o povo ouviu
    c. Ele não precisou de professores em relação à mente humana
    d. Ele compreendeu a natureza humana (João 2:23-25)

B. Cristo é a satisfação do desejo religioso (v. 22-26)

1. "Percebo que sois excepcionalmente religiosos"

2. Porque o homem é religioso por natureza
    a. Ele foi criado para ter comunhão com Deus
    b. Ele é um pecador e portanto sente-se culpado
    c. A lei de Deus está escrita no seu coração (Rom. 2:14-15)
3. Paulo apresenta "O Deus desconhecido"
4. O Deus desconhecido pode ser conhecido (I Tim. 2:4)
    a. Além dos ídolos, altares e imagens há um Deus vivo
    b. Além das torres, templos e livros de oração há um Deus vivo
5. Conhecemos a Deus através da fé em Cristo (João 14:6)
6. Confiar em Cristo satisfaz a necessidade de ter comunhão com Deus

C. Cristo é a satisfação do desejo emocional (v.27-34)
1. Apalpando Deus para encontrá-lo (v. 27)
    a. O único texto onde "apalpar" é encontrado no N.T
    b. Sem as Escrituras, o homem fica numa procura emocional
    c. Quando vamos a Cristo por fé, seguem-se emoções apropriadas
2. Cristo satisfaz as necessidades emocionais daqueles que vêm a Ele
    a. Que emoção é mais profunda que o amor?
    b. Que emoção eleva alguém mais do que a alegria?
    c. Que emoção é mais satisfatória do que a paz?
3. A satisfação emocional é preenchida em Jesus

III. Conclusão

A. A menos que o desejo intelectual complete-se em Cristo, ele termina em orgulho

B. A menos que o desejo religioso complete-se em Cristo, ele termina em formalismo

C. A menos que o desejo emocional complete-se em Cristo, ele termina em fanatismo

D. Jesus é tudo que precisamos

A BÍBLIA E A BATALHA ESPIRITUAL

Mat. 4:1-11

I. Introdução

A. Todo cristão está numa guerra espiritual

1. Nosso adversário é o Diabo (I Pe. 5:8)
2. A salvação não nos livra dessa batalha
3. Ela equipa-nos para vencer

B. A tentação é uma parte diária dessa guerra

1. Esse é um conflito corpo a corpo
2. A Bíblia na mão e no coração assegura a vitória

C. Como Jesus usou a Bíblia quando tentado

1. Os textos que Ele usou para vencer o inimigo
2 .Quão apropriados foram eles no conflito!

II. Corpo do Sermão

A. Nem só de pão viverá o homem (v. 1-4)

1. Jesus estava com fome
   a. Ele jejuou quarenta dias e noites
   b. O tentador vem quando estamos fracos
2. "Manda que estas pedras se tornem em pães"
   a. Isso era compatível com o poder de Cristo
   b. Nunca siga as sugestões de Satanás
   c. Rejeite-as mesmo quando parecem ser boas
3. Jesus responde ao tentador com as Escrituras (v .4 Deut. 8:3)
   a. Precisamos mais do que pão nessa batalha
   b. A Bíblia deve tornar-se nosso pão diário
4. Podemos derrotar Satanás com a Escritura
5. A Palavra de Deus é a espada do Espírito Santo (Ef. 6:17)
6. A Bíblia deve tornar-se nosso pão diário

B. Não tentarás o Senhor teu Deus (v.7)

1. Tentado no pináculo do templo
   a. Muitas tentações acontecem nos lugares religiosos
   b. Somos mais vulneráveis nas posições elevadas

2. Satanás agora começa citar as Escrituras (Salmo 91:11-12)
    a. As seitas frequentemente citam as Escrituras
    b. Satanás como um anjo de luz (II Cor. 11:13-15)
3. A Escritura que Jesus citou para vencer essa tentação
    a. Não tentarás o Senhor teu Deus (v.7 Deut. 6:16)
    b. Algumas coisas que tentam Deus:
        (1) Reclamar acerca da sua provisão (Ex. 17:7)
        (2) Não crer que Deus cumpre suas promessas (Num. 14:22)
        (3) Duvidar do poder de Deus (Salmo 78:41)
        (4) Endurecer o coração quando Ele fala (Hbr .3:9)
4. Tem você tentado a Deus?

C. Ao Senhor teu Deus adorarás (v. 10)

1. Satanás oferece o mundo para Jesus o adorar
2 "Vai-te, Satanás"
    a. É a primeira vez que isso precede ao "está escrito"
    b. Adoração a Satanás é repreensível para Cristo
3. Muitos adoram pessoas e objetos em vez do Senhor
4. O Senhor deveria receber toda nossa adoração e culto
    a. A quem você adora?
    b. A quem você serve?

III. Conclusão

A. Está você lutando com a tentação?

B. Use a Bíblia na batalha

C. A espada do Espírito trará vitória cada vez

ANELOS DOS DISCÍPULOS

João 13:36-14:9

I. Introdução

A. Jesus prepara seus discípulos para sua morte próxima

1. Dias difíceis pela frente para eles
2. Instruções importantes serão dadas

B. Os discípulos têm perguntas e anelos pessoais

1. Pedro quer seguir Jesus... agora
2. Tomé quer saber o caminho para o céu
3. Felipe quer ver o Pai

C. Como Jesus respondeu-lhes tudo

II. Corpo do Sermão

A. O desejo de Pedro para seguir Jesus... agora (13:37)

1. "Por que não posso seguir-te agora?"
2. Jesus já tinha dito a Pedro que ele não poderia segui-lo na ocasião (v. 36)
   a. Ele poderia seguir Jesus mais tarde
3. Pedro estava tentando embutir o plano de Deus dentro do seu esquema de tempo
   a. Nada de errado havia com a dedicação de Pedro
   b. Nada de errado havia com seu desejo básico
   c. Não era o tempo de Deus
4. Muitos têm tentado fazer a vontade de Deus a seu modo
   a. Com certeza isso termina em falha
   b. O modo e o tempo de Deus são sempre melhores

B. O desejo de Tomé conhecer o caminho para o céu (14:5)

1. "Como podemos saber o caminho"
2. Tomé apenas terminou de ouvir o texto mais querido sobre o céu
   a. Jesus estava indo preparar mansões
   b. Ele prepararia lugares especiais para eles
   c. Ele voltaria para recebê-los para si

3. Tomé queria ter certeza de que estava incluído
    a. Ele queria passar uma temporada naquelas mansões
    b. Ele estava querendo fazer algo para conseguir isso
4. Ele não tinha certeza do céu
    a. Ele deveria estar certo do céu
    b. Jesus disse: "vocês conhecem o caminho"
    c. Aqueles que conhecem Jesus conhecem o caminho para o céu
5. Jesus declarou isso a Tomé: "Eu sou o caminho..." (v. 6)
    a. O caminho: para que a vontade humana possa escolhê-lo
    b. A verdade: para que a mente humana possa entendê-la
    c. A vida: para que o coração humano possa experimentá-la

C. O anelo de Felipe de ver o Pai (14:8)
1. "Senhor, mostra-nos o Pai, e isso nos basta"
    a. Permita-nos vermos o Pai e ficaremos satisfeitos
    b. Esse parece um pedido razoável
    c. Mas isso revela que Felipe não tinha ouvido atentamente
2. "Quem me viu a mim, viu o Pai"
3. O mistério da Trindade
    a. Para conhecer acerca do Espírito Santo, é preciso prestar atenção em Jesus
    b. Para conhecer acerca de Jesus, é preciso prestar atenção ao Espírito Santo
    c. Para conhecer acerca do Pai, é preciso observar Jesus

III. Conclusão

A. Quais são os teus anelos?

B. São eles semelhantes àqueles dos discípulos?

C. Os maiores anelos da alma são todos satisfeitos em Jesus

O SENHOR E LÍDIA

Atos 16:9-15

I. Introdução

A. O apelo macedônio (v. 9)

1 A visão de Paulo: "Passa à Macedônia e ajuda-nos"

2. Expectativas muito acima de convertidos em potencial

B. Direto para Filipos

1. Filipos era uma colônia romana

2. Após certo número de dias nada digno de ser registrado

3. Às vezes ficamos logo desapontados

C. Para a beira do rio

1. A reunião de oração na margem do rio

2. Uma reunião judaica: foi num sábado

a. Igual a muitas reuniões de hoje: mulheres no total

b. Eles ministraram às mulheres

3. Lídia, uma não judia numa reunião judaica

II. Corpo do Sermão

A. Lídia percebeu sua necessidade tão grande que encontrou algum lugar para ir (v. 14)

1. Lídia era uma comerciante

a. Uma vendedora de púrpura de Tiatira

b. Paulo tinha sido proibido de ir para a Ásia (v. 7)

c. Deus trouxe uma asiática até Paulo

2. Lídia tinha ido à reunião para adorar a Deus

a. Enferma pela idolatria e vazia

b. Buscando o Senhor

c. Aqueles que buscam o Senhor encontram-no (Jer. 29:13)

3. O Senhor abriu o coração de Lídia para a mensagem de Paulo

4. Está o teu coração aberto à mensagem de Cristo?

B. Lídia percebeu que a salvação é tão grande que desejou que outros a conhecessem (v. 15)

1. Ela foi batizada

a. Membros de sua casa também creram e foram batizados
b. Não sabemos quantos membros da família ou empregados
2. Lídia queria confessar Cristo publicamente
a. Como isso deve ter influenciado aqueles que o testemunharam
b. Evidentemente um número de outros receberam Cristo (v. 40)
3. Porque Lídia queria que outros conhecessem Cristo
a. Ela encontrou o maior tesouro da vida
b. Ela queria compartilhar as notícias boas

C. Lídia considerou sua bênção tão grande que permitiu extravasar sua alegria (v. 15)
1. "Entrai em minha casa"
2. Sua alegria fê-la hospitaleira
a. Convidou Paulo e outros para sua casa
b. Ela esperava que eles vissem a evidência de sua fé
c. Ela os convidou a permanecer quanto mais tempo possível
d. Ela os constrangeu a aceitar seu convite
3. Ela já apreciava a comunhão dos outros crentes
4. Ela demonstrou evidência de sua fé em Cristo

III. Conclusão

A. Lídia, uma asiática, foi a primeira convertida na Europa
1. O plano de Deus para alcançar o mundo é através das pessoas
2. Agora o evangelho se espalharia tanto para a Europa quanto para a Ásia

B. Deus esteve operando na vida de Lídia antes dessa reunião
1. Está Deus falando a você acerca da salvação?
2. É esse o motivo de você estar aqui presente?

C. Permita o Senhor abrir teu coração à sua palavra

PERMANECENDO POSITIVO NUM MUNDO NEGATIVO

Filip. 4:6-9

I. Introdução

A. Vivemos num mundo negativo (João 16:33)
  1. Este mundo negativo tem muitos problemas
  2. Somos influenciados pela aflição do mundo
    a. Violência, guerra, crime
    b. Alcoolismo, aborto, rupturas da família
    c. Hospitais, cemitérios, prisões

B. Não precisamos ser pessoas negativas
  1. Devemos ser pessoas alegres (Filip. 3:1)
  2. Devemos enfatizar pensamentos positivos e o louvor:
    a. Coisas verdadeiras, honestas, justas
    b. Coisas puras, amáveis, de boa fama
    c. "Se há alguma virtude... algum louvor"
  3. Contudo, às vezes os cristãos são negativos... queixando-se

C. Como podemos ser positivos neste mundo negativo?

II. Corpo do Sermão

A. Devemos corresponder ao amor de Deus (v. 6-7)
  1. Deus ama-nos, apesar das circunstâncias
  2. O amor de Deus é visível na criação
  3. O amor de Deus é revelado na Bíblia
  4. O amor de Deus é mais claramente visto na cruz
  5. O amor de Deus é demonstrado na oração respondida

B. Devemos reprogramar nossa mente (v. 8)
  1. Somos bombardeados constantemente por mensagens negativas
  2. O lado negativo da era da comunicação instantânea
    a. Somos informados continuamente dos problemas do mundo

b. Todos os atos violentos são noticiados imediatamente
3. Os perigos psicológicos do acesso negativo constante
4. Perigos físicos do acesso negativo constante
5. A importância do acesso da fé construtiva
a. Desenvolvendo uma vida devocional
b. Leitura bíblica e oração diários
c. Começando cada dia com ação de graças
d. Esperando a intervenção de Deus

C. Devemos reconhecer o melhor nos outros (v .8)
1. Todas as pessoas são imperfeitas
a. Não existem pessoas ou igrejas perfeitas
b. Não existem pastores perfeitos
2. A s pessoas presumem muitas coisas positivas acerca deles:
a. Alguns são verdadeiros, honestos e justos
b. Alguns são elogiados pelos amigos
c. Alguns fazem coisas dignas de louvor
3. "Dou graças ao meu Deus todas as vezes que me lembro de vós" (1:3)
a. Como Paulo pôde dizer isso?
b. Ele escolheu recordar as coisas positivas acerca deles

D. Devemos alcançar as pessoas perdidas e em sofrimento (v. 9)
1. Olhemos mais para os campos do que para as faltas dos outros
2. O apelo de Paulo aos filipenses para fazerem como ele estava fazendo
a. Paulo estava sempre alcançando os perdidos
b. Ele amava as almas e desejava a salvação delas
3. Ganhar almas para Cristo traz alegria positiva (Salmo 126:6)

III. Conclusão

A. A fé em Cristo capacita-nos sermos positivos neste mundo negativo

B. Um testemunho positivo trará outros para nosso Salvador

O QUE SIGNIFICA SER PERDIDO

Luc. 19:10; Ef. 2:12; João 3:16

I. Introdução

A. "Perdido" é uma palavra perdida em muitas igrejas

1. A maior parte da pregação e ensino é sobre outros assuntos
2. Assuntos mais populares e agradáveis têm prioridade

B. A palavra perdido mantém muitos perdidos

1. As pessoas precisam conhecer as consequências do pecado
2. As pessoas precisam saber quão sério é ser perdido
3. Jesus veio buscar e salvar o perdido (Luc. 19:10)

C. O que significa ser perdido?

II. Corpo do Sermão

A. Ser perdido é estar sem esperança (Ef. 2:12)

1. "Não tendo esperança"
2. A esperança tem a ver com a certeza da salvação
   a. "A esperança que vos está reservada nos céus" (Col. 1:5)
   b. "Cristo em vós, a esperança da glória" (1:27)
   c. "A qual temos como âncora da alma" (Hbr. 6:19)
   d. Uma esperança que é segura e firme (6:19)
3. As pessoas perdidas não têm perspectiva do céu
   a. Quando seus queridos morrem, tomam emprestado a esperança cristã
   b. Eles falam em rever seus queridos, mas não podem ter certeza
4. Ser perdido é estar sem esperança

B. Ser perdido é estar sem Deus no mundo (Ef. 2:12)

1. "Sem Deus no mundo"
2. Paulo recorda os crentes efésios do seu passado
   a. Outrora estavam sem esperança
   b. Outrora estavam sem Deus no mundo
3. Momentos quando as pessoas precisam desesperadamente de Deus:

a. Quando em profundo estresse emocional
b. Quando ameaçadas pela ruína financeira
c. Quando enfrentam cirurgia ou doenças sérias
d. Quando problemas de família levam ao desespero
4. Os cristãos apelam para o seu Senhor em tais momentos
5. Os perdidos não têm para onde ir
a. A pergunta de Pedro: "Senhor, para quem iremos nós? (João 6:68)
b. Quão triste é ficar sozinho em tempos de aflição!

C. Ser perdido é estar sem vida eterna (I João 5:12)
1. "Quem não tem o Filho de Deus não tem a vida"
2. A vida aqui é curta quanto à sua duração
a. Vivemos apenas uma média de 70-80 anos
b. A ciência médica ainda não consegue prolongar a vida
3. Jesus oferece vida eterna (João 3:16; 5:24)
a. Quem pode sondar a eternidade?
b. "Não há menos dias para entoar o louvor a Deus do que tivemos desde o início" (John Newton)
4. Tem você certeza da vida eterna?

III. Conclusão

A. Todos somos pecadores (Rom. 3:23)
B .Nenhum pecado mais é necessário para ser perdido eternamente
C. Cristo morreu pelos pecadores (Rom. 5:8)
D. O que os pecadores recebem quando vêm a Cristo para a salvação:
1. Eles recebem esperança (segurança de salvação)
2. Eles recebem comunhão com Deus
3. Recebem vida eterna

E. Por que não vir a Ele agora?

O PODER DA AÇÃO POSITIVA

Col. 3:23

I. Introdução

A. Paulo, o homem maduro emocionalmente

1. Regozijando-se sempre no Senhor (Filip.4:4)
2. Experimentando a paz que excede a compreensão (4:7)
3. Contente em qualquer situação (4:11)

B. Paulo, um homem de ação

1. Não agachado num canto com medo de avançar
2. Não temeroso do futuro; há muito o que fazer hoje
3. Não desesperado; bastante vivo para agir
4. Não escondendo-se; há muita gente para ganhar para Cristo

C. Faça algo para Cristo que exija teu esforço

II. Corpo do Sermão

A. Faça algo para enriquecer tua vida cristã

1. Leve a sério teu estudo bíblico
2. Comece memorizando versos bíblicos
3. Faça uma lista das tuas bênçãos e de graças
4. Leia um livro cristão
5. Jogue fora toda amargura e ira: perdoe a todos

B. Faça algo por tua família

1. Peça a tua esposa ou ao marido para perdoar-te por ter sido uma cruz
2. Expresse apreciação pelo que os teus queridos fazem por você
3. Abrace teus filhos e diga-lhes que os ama
4. Ajude os membros da família a desenvolver seus talentos
5. Chame teus pais e agradeça-lhes pelo amor e orações
6. Pare de reclamar e distribua elogios
7. Comece a manter culto doméstico diário

C. Faça algo por tua igreja

1. Escreva uma carta de apreciação para teu pastor
2. Seja um professor voluntário numa classe da E.B.D

3. Ofereça teu carro para trazer pessoas para a igreja
4. Visite os ausentes e preste relatório ao teu pastor
5. Aumente tuas ofertas
6. Recuse tomar parte na murmuração ou crítica aos líderes
7. Faça parte do coral ou use outro talento que você tenha escondido
8. Comece um grupo de oração por avivamento

D. Faça algo para cumprir tua responsabilidade para com a evangelização mundial
1. Faça contato com as famílias da vizinhança e convide-as para a igreja
2. Visite uma pessoa solitária que precisa de Cristo
3. Comece a distribuir folhetos diariamente
4. Escreva para um missionário e inclua uma oferta
5. Mantenha uma classe de evangelismo pessoal
6. Aumente tua oferta missionária
7. Ore pelas necessidades especiais dos missionários

III. Conclusão

A. Basta de sermos cristãos de meio expediente
1. Devemos servir o Senhor de coração
2. Para os cristãos não há coisas seculares e sagradas
3. Tudo o que fazemos devemos fazer para o Senhor

B. "A igreja de Deus marcha como um exército poderoso."
1. Quão frequentemente isso não é verdade
2. Permita que isso seja verdadeiro em você e em mim
3. Pode ser que viemos para o reino para tal tempo como este (Et. 4:14)

FÉ QUE NÃO SALVA

Tg. 2:14-26

I. Introdução

A. Somos salvos pela fé (Ef. 2:8; Rom. 5:1)
  1. Ninguém pode ser salvo por boas obras (Ef. 2:9)
  2. Ninguém pode ser salvo por guardar a lei (Gal. 2:16)
  3. Ninguém pode ser salvo sem ser pela fé em Cristo (João 14:6)

B. Declarações surpreendentes de Tiago acerca da salvação pela fé
  1. Contradições aparentes com Paulo
  2. Na verdade, em completo acordo com Paulo (Rom. 10:9-10)

C. Que tipo de fé é essa que Tiago diz que não salva?

II. Corpo do Sermão

A. Fé que é mera confissão religiosa não salva (v. 14-17)
  1. "Se alguém disser que tem fé e não tiver obras"
    a. Ênfase em "disser"
    b. Isso é confissão sem evidência de salvação
  2. Essa profissão de fé não apresenta fruto da fé
    a. Sua fé professada não produz obras
    b. É como falar bondosamente a famintos, mas não alimentá-los
  3. Paulo concorda: a fé em Cristo torna-nos diferentes (II Cor. 5:17)
    a. A salvação ocasiona o abandono das coisas antigas
    b. Todas as coisas tornam-se novas para os que nascem de novo

B. A fé que não traz vida espiritual não salva (v. 17-18)
  1. "A fé, se não tiver obras, é morta em si mesma"
  2. Essa fé é uma falsificação
    a. Não é um crer humilde em Cristo
    b. Não é confiança somente em Cristo
    c. É chamada fé, mas não é fé
    d. É algum ato ou experiência religiosa rotulada fé

3. A fé em Cristo sempre traz nova vida (João 3:3-5,16)
   a. Não há exceções
   b. Jesus a ninguém rejeita (6:37)
   c. Esse convite é para "todos aqueles" (Rom. 10:13)

C. A fé que é mera concordância intelectual não é fé(v.19)
1. Acreditar nos fatos não é necessariamente fé
   a. Os demônios acreditam que há um Deus
   b. Eles estremecem quando pensam sobre esse fato
   c. A aceitação dos fatos por parte deles não os ajuda
2. Alguém pode concordar com os fatos do evangelho e estar perdido
3. Concordância intelectual não é realmente fé
   a. É como "outro evangelho" mencionado em Gálatas (1:8)
   b. Paulo escreve que é somente rotulado de evangelho (1:7)
4. Para ser salvo alguém precisa passar dos fatos para a fé

III. Conclusão

A. Exemplos de fé viva (v. 21-25)
1. Abraão confiou em Deus e isso levou-o à obediência
2. Sua fé produziu obras
3. Ele tornou-se conhecido como o amigo de Deus
4. A fé de Raabe motivou-a a salvar os espias israelitas

B. Aquele que coloca fé em Cristo como Salvador tem fé viva
1. Não é mera profissão religiosa
2. Não é falsificação

C. O que é fé bíblica:
1. Não considerá-la difícil de exercer
2. É a resposta do pecador ao amor de Deus demonstrado na cruz
3. É confiar em Jesus com a fé de uma criança

O MAIOR MENTIROSO NA CIDADE

João 8:44; 10:10

I. Introdução

A. Perguntas e respostas a respeito do Diabo:

1. É Satanás uma personalidade real ou apenas uma força maléfica?
    a. Deveríamos retirar o "d" de *devil*? (*Devil* = "Diabo" em inglês; daí, retirando a letra "d" sobra a palavra *evil* = "mal"
    b. A Bíblia afirma que ele é uma personalidade (Mat. 4:1; Apoc. 20:2)
2. Está o Diabo agora no inferno?
    a. Não, mas aquele é seu lugar futuro (Apoc. 20:10)
    b. Agora ele está ativamente tentando e destruindo (I Pe. 5:8)

B. A que o Diabo é comparado?

II. Corpo do Sermão

A. Ele é um Homicida (João 8:44)

1. "Ele é um homicida desde o princípio"
2. Satanás como homicida e o pecado (Rom. 6:23)
    a. A advertência de Deus acerca do fruto proibido: morte (Gen. 3:3)
    b. Satanás convenceu Adão e Eva de que não morreriam (3:4)
    c. Na desobediência deles, a morte passou a todos (Rom. 5:12)
3. Satanás tem prazer na destruição do homem
4. Deus tem prazer na salvação do homem
5. Satanás como homicida e a sociedade
    a. Tenta as pessoas para assassinar através da inveja (Caim)
    b. Tenta as pessoas para assassinar através da cobiça (Herodes)
    c. Tenta as pessoas para assassinar através da avareza (Acabe)
6. Satanás como homicida e a autodestruição
    a. Judas após a traição de Jesus
    b. Tenta as pessoas ao suicídio por causa do desespero
    c. Tenta as pessoas ao suicídio por sentirem-se não amadas

B. Ele é um mentiroso (João 8:44)
   1. "Ele é um mentiroso e pai da mentira"
   2. O pai da mentira
      a. A primeira mentira registrada: "Certamente não morrereis"
      b. A morte fluiu dessa mentira através dos séculos
   3. Algumas mentiras esperadas do maior mentiroso na cidade:
      a. Promete liberdade, mas escraviza
      b. Promete bons momentos, mas causa aflição
      c. Promete lazer, mas causa frustração
      d. Promete alegria, mas causa miséria
   4. Satanás mente a jovens e idosos
      a. Ele tem prazer em destruir uma vida na juventude
      b. Nunca seremos idosos demais para sermos tentados
C. Ele é um ladrão (João 10:10)
   1. "Para roubar, e matar, e destruir
   2. Os ladrões e o ladrão
      a. Houve muitos falsos Cristos antes de Jesus e depois
      b. Seu propósito é roubar, matar e destruir as ovelhas
      c. Satanás é o ladrão: aquele que está por trás de todos eles
   3. Satanás tentou roubar o trono de Deus (Is.14:12-14)
   4. Satanás tenta roubar o lugar de Deus em nossas vidas
   5. Satanás tenta roubar o direito de culto a Deus (Mat. 4:9)

III. Conclusão

A. Como vencer o maior mentiroso na cidade
   1. Submeta-se a Deus e resista ao Diabo
   2. Tiago escreveu: "Ele fugirá de vós" (4: 7)
B. Vencemos o mentiroso através daquele que é a verdade
C. Cristo provê vitória sobre Satanás em cada momento

O DIABO EM SEU MELHOR TRAJE A RIGOR

II Cor. 11:13-15

I. Introdução

A. Conceitos errados acerca do Diabo

1. As caricaturas não são verdadeiras
2. O Diabo não está agora no inferno

B. O aparecimento das religiões Satânicas nos últimos dias (I Tim. 4:1)

1. Pessoas envolvidas com espíritos sedutores
2. Pessoas aceitando doutrinas de demônios

C. O Diabo é mais perigoso quando trajado com respeitabilidade

1. Como podemos reconhecer nosso inimigo quando está com disfarce?
2. O que o Diabo está pretendendo quando vestido em seu melhor traje a rigor?

II. Corpo do Sermão

A. Ele está tentando complicar o evangelho (v.13)

1. A mensagem simples e maravilhosa do evangelho (I Cor. 15:3-4)
   a. Cristo morreu por nossos pecados de acordo com as Escrituras
   b. Ele foi sepultado e ressuscitou de acordo com as Escrituras
2. Somos salvos somente pela fé (João 3:16)
3. Os falsos mestres acrescentam à graça obras ou a guarda da lei
   a. Isso aconteceu com os gálatas (3:1-3)
   b. Paulo denunciou o erro desse ensino (2:21)
4. Os argumentos do Diabo soam tão convincentes
   a. Soam aparentando um padrão elevado de santidade
   b. Ridicularizam os que são salvos pela graça, mediante a fé
5. Acrescentando ao evangelho é desviar-se dele
   a. Adicionando algo à fé reduz o poder da fé
   b. Adicionando obras ou legalismo subtrai-se da graça
6. Firme-se na simplicidade que há em Cristo (II Cor. 11:3)

B. Ele está contradizendo a mensagem da cruz (v. 14)
   1. O Diabo odeia a mensagem da cruz
   2. Satanás enganou Pedro temporariamente acerca da cruz (Mat. 16:23)
      a. "Esteja isso longe de ti, Senhor" (16:22)
      b. "Para trás de mim, Satanás" (16:23)
   3. Há duas religiões apenas:
      a. A religião de Satanás ensina: "Faça assim e viva"
      b. Cristo diz: "Está consumado; creia e viva"
   4. Alguns aderem a rejeição da cruz:
      a. A cruz parece muito violenta, muito sanguinária
      b. Alguns hinários não mais contêm hinos acerca do sangue
      c. Somente o caminho da cruz conduz ao céu

C. Ele está causando controvérsia entre cristãos (II Cor. 11:15)
   1. As obras satânicas aparentam ser justas
      a. Muitos causadores de tribulação nas igrejas parecem tão corretos
      b. Amargura e rivalidade provêm do Diabo (Tg. 3:14-16)
   2. O Diabo tenta dividir e conquistar
   3. Os desordeiros frequentemente aparentam ser superespirituais
   4. Quando os cristãos perdoam-se, o Diabo é derrotado
      a. O perdão reavivaria muitas igrejas
      b. Desfazer a rivalidade agrada ao Senhor (Tg. 3:17-18)

III. Conclusão

A. Reconheça o Diabo quando apresenta-se respeitável
   1. Resista-o quando ele aparece em seu melhor traje a rigor
   2. Leve-o para a cruz onde já foi derrotado por Jesus

B. Cristo algum dia exporá o Diabo pelo o que ele realmente é

C. Regozije-se! Estamos indo para o céu e o Diabo está indo para o inferno

LIDANDO COM AS PRESSÕES DO TEMPO FINAL

Lucas 21:25-26; João 14

I. Introdução

A. Cristo, que morreu e ressuscitou, voltará
   1. Muitas escrituras descrevem as condições antes do seu retorno
   2. Nosso texto revela alguns dias difíceis por vir

B. O Tríplice Terror dos Últimos Dias e como lidar com eles
   1. Angústia, a perplexidade e o medo serão epidêmicos
   2. O Espírito Santo equipa os crentes para triunfar sobre eles

II. Corpo do Sermão

A. Quando estamos angustiados o Espírito Santo conforta (14:16)
   1. "Angústia das nações" (v. 25)
   2. Definição de angústia: "Uma condição aflitiva, infeliz ou exaustiva; um estado de extrema necessidade"
   3. Nossa maior necessidade na angústia é o conforto
   4. O Espírito Santo é o nosso consolador
   5. Neste mundo temos aflições (João 16:33)
      a. Passamos por coisas que pensávamos que não passaríamos
      b. Passamos por coisas que não pensávamos que poderíamos passar
   6. Nunca passamos aflições sozinhos:
      a. O Espírito Santo reside no corpo do crente
      b. Nosso Consolador está sempre conosco
   7. Quando precisamos de consolo:
      a. Quando perdemos queridos por morte
      b. Quando outros viram-se contra nós
      c. Quando os eventos parecem fora de controle
   8. O Espírito Santo troca a angústia pela paz
   9. O Consolador nunca permite ficarmos depressivos

B. Quando ficamos perplexos, o Espírito Santo orienta (14:26)
   1. Perplexos: "não encontrando saída"
      a. Você sente-se preso por teus problemas?

b. Você precisa da direção do Senhor

2. Quando Jesus esteve com seus discípulos, Ele ensinava-os
3. Após a partida de Jesus, o Espírito Santo ensinava-os
   a. Capacitou-os a recordar
   b. Guiou-os em toda a verdade
   c. Ensinou-os o que dizer
4. O Espírito Santo faz o mesmo hoje pelos cristãos
   a. Ele guiará vocês por meio deste tempo perplexo
   b. Ele sabe que esse tempo está chegando e sabe a saída dele
   c. Quando ficamos com medo o Espírito Santo concede fé (14:27)

1. "Os homens desfalecerão de terror" (v. 26)
2. Quando ficamos com medo precisamos ter fé aumentada
   a. Medo e fé são opostos
   b. À medida que a fé aumenta, o medo diminui
3. Como o Espírito Santo concede fé:
   a. Pela Bíblia
   b. Pela experiência com Deus
   c. Pela oração respondida
4. "Não se turbe o vosso coração, nem se atemorize"

III. Conclusão

A. Parem de atrapalhar a ação do Espírito Santo (I Tess. 5:19)
   1. Aceite seu conforto quando você está angustiado
   2. Aceite sua direção quando estiver perplexo
   3. Aceite sua paz quando estiver com medo

B. Esses tempos difíceis são sinais de que Nosso Senhor retornará em breve

TUA VIDA À PROVA DE TERREMOTO

Salmo 46

I. Introdução

A. Um salmo para momentos quando teu mundo está abalado

1. Há muitos momentos de abalos na vida
2. Talvez você tenha sido abalado por alguma experiência recente
3. Aqui está um salmo para trazer paz ao teu coração aflito

B. O contexto desse salmo confortador:

1. Escrito durante uma invasão estrangeira em Israel
2. Ideal para aqueles que estão na mira do inimigo

C. O que este salmo oferece para nossos momentos estremecidos

II. Corpo do Sermão

A. A presença de Deus (v. 1)

1. Deus aparece no início do salmo
   a. Não algum ser supremo impessoal
   b. Esse é o Deus que nos ama
2. O segredo da paz é um relacionamento pessoal com Deus
   a. "Deus é o nosso refúgio"
   b. Como o Salmo 23: "O Senhor é meu pastor"
3. "Nosso refúgio" (esconderijo)
   a. Nós nos escondemos em Deus quando chegam as tempestades
   b. Estamos a salvo com Ele quando nosso mundo está estremecido
4. "Nossa fortaleza"
   a. Deus fortalece os fracos
   b. Esperar no Senhor renova nossa força (Is. 40:31)
5. Um socorro bem presente na angústia
   a. Nosso Senhor está sempre conosco
   b. Ele é maior que qualquer aflição que enfrentamos

B. A paz de Deus (v. 2-7)

1. "Pelo que não temeremos"

a. A fé emerge e eleva-se
b. Quando a fé chega o medo some
c. Está tua fé naquele que acalma o mar?
2. Não temeremos, ainda que a terra seja removida (v. 2)
3. Não temeremos, ainda que os montes caiam dentro do mar (v. 2)
4. Não temeremos, embora as ondas rujam nos mares (v. 3)
5. Não temeremos, ainda que terremotos abalem os montes (v. 3)
6. A paz multiplica-se aqui à medida que olharmos em direção ao céu
a. O rio da vida está lá
b. A cidade de Deus está lá
c. Jesus está preparando lugares lá (João 14:1-3)
7. Entretanto, o Senhor dos exércitos está conosco

C. As promessas de Deus (v. 8-11)
1. Deus está operando mesmo quando nosso mundo está abalado (Rom. 8:28)
2. Deus faz as guerras cessarem
a. Ele inutiliza as armas
b. "Ele destrói os destruidores" (Spurgeon)
3. Podemos ficar calmos e deixar o futuro com Deus
a. Ele salvou-nos pela fé em Cristo (Rom. 5:1)
b. Fazemos parte de sua família amável (João 1:12-13)

III. Conclusão

A. O Salmo começa e termina com Deus
1. Que conforto apropriado para momentos de aflição
2. Começamos e terminamos cada dia na presença de Deus

B. Deus é suficiente quando nosso mundo está abalado

C. Podemos confiar nele para conduzir-nos a salvo através dos momentos estremecidos

TEMPO PARA A CEIA DO SENHOR

I Cor. 11:23-34

I. Introdução

A. Diferenças na periodicidade da Ceia do Senhor:
   1. Alguns realizam-na semanalmente, mensalmente, trimestralmente etc.
   2. A Bíblia não estabelece exigências quanto a isso

B. Diferenças nos detalhes nos cultos da Ceia:
   1. Algumas igrejas restringem a Ceia para os membros
   2. Algumas convidam todos os crentes para participar
   3. Alguns são servidos no altar; alguns são servidos nos bancos

C. A Ceia do Senhor não salva: somente a fé em Cristo salva

D. Quais são, então, os propósitos da Ceia do Senhor?

II. Corpo do Sermão

A. Um tempo para recordar o sofrimento e morte de Cristo (v. 24-25)
   1. "Fazei isto em memória de mim"
      a. Aplica-se tanto ao pão quanto ao cálice
      b. Símbolos do seu corpo e sangue
   2. Quanto a cruz significou necessária para o Senhor:
   a. Os sacrifícios do V.T. apontavam para a cruz (João 1:29)
   b. Os céus entoam acerca da cruz (Apoc. 5:9)
   c. A Ceia do Senhor recorda-nos a cruz
   3. Por que é tão importante recordar os sacrifícios de Cristo?
      a. Recorda-nos a seriedade do pecado
      b. Recorda-nos o amor e a graça de Deus
      c. Recorda-nos que fomos perdoados

B. Um tempo para vislumbrar o retorno de Cristo (v. 26)
   1. "Até que Ele venha"
   2. A Ceia do Senhor recorda-nos de sua cruz e seu retorno
   3. A Ceia do Senhor recorda-nos da sua paixão e sua glória

4. Cada culto da Ceia do Senhor leva-nos mais próximos do retorno de Cristo
    a. Isso deveria ser uma experiência purificadora (I João 3:3)
    b. Olhando retrospectivamente para o preço pago por nossos pecados
    c. Vislumbrando à frente para o retorno de nosso Salvador imaculado
5. Cristo pode retornar enquanto alguma igreja esteja realizando a Ceia do Senhor
    a. Está você pronto se Ele retornar hoje?
    b. Estaria confiante ou confuso? (I João 2:28)

C. Um tempo para autoexame e confissão de pecados (v. 28-31)
1. "Examine-se, pois, o homem a si mesmo"
    a. À luz da cruz
    b. À luz do retorno de Cristo
2. É perigoso ser descuidado a respeito da Ceia do Senhor (v. 30)
    a. Alguns são acometidos com doenças
    b. Outros morrem por causa do desrespeito
3. O autoexame e a confissão de pecados previne o castigo
    a. O autojulgamento evita o julgamento de Deus (v. 31)
    b. A confissão de pecados traz perdão (I João 1:9)
4. Essa é uma preparação apropriada para a Ceia do Senhor

III. Conclusão

A. A Ceia do Senhor deveria conservar clara nossa visão da cruz

B. A Ceia do Senhor deveria manter constante nossa expectativa do retorno de Cristo

C. A Ceia do Senhor deveria manter sensíveis nossos corações em relação aos pecados pessoais

D. Você está preparado para a Ceia do Senhor?

PAZ COM DEUS

Rom. 5:1-6

I. Introdução

A. Paz: um tesouro muito precioso

1. "Temos paz com Deus através de Nosso Senhor Jesus Cristo"
2. Um verso básico neste livro importante
   a. Até este ponto: pecado, convicção, conclusões
   b. Após este ponto: culto, sacrifício, santificação

B. O mundo está empenhado na busca da paz pessoal

C. A paz com Deus é a paz mais importante de todas

1. Como podemos obtê-la?
2. O que ela nos proporcionará no futuro?
3. O que ela fará por nós agora?

II. Corpo do Sermão

A. A paz com Deus é nossa pela fé em Jesus Cristo (v. 1)

1. Que lição difícil de aprendermos!
2. Algumas coisas que não trazem a paz com Deus:
   a. Remorso pelos pecados
   b. Comparecimento ao confessionário
   c. Guarda dos Dez Mandamentos
   d. Oração
3. A paz com Deus vem somente pela fé em Cristo
   a. Quem pode obtê-la? Os pecadores
   b. Quando eles podem obtê-la? Quando justificados
   c. Como podem ser justificados? Pela fé
   d. Fé em quem? Em Nosso Senhor Jesus Cristo

B. A Paz com Deus dá uma antecipação da eternidade. (v. 2)

1. "E gloriamo-nos na esperança da glória de Deus"
2. Sem a paz com Deus não vislumbramos a eternidade
   a. Pela frente estão o inferno e o julgamento
   b. Cada passo leva-nos mais perto deles
   c. Cada pulsação do coração conduz-nos mais próximos da

dor, do sofrimento e do inferno

3. Sem a paz com Deus não estamos preparados para morrer
   a. Não estaremos preparados para viver até estarmos preparados para morrer
   b. Não estaremos em paz até termos certeza do céu
   c. Não estaremos certos do céu até termos a paz com Deus
4. A paz com Deus capacita-nos a vislumbrar o futuro
   a. Podemos refletir acerca das mansões preparadas para nós
   b. Podemos vislumbrar o encontro com os queridos
   c. Podemos antecipar nossa comunhão com Jesus

C. A paz com Deus dá uma compreensão da vida (v. 3-5)
1. "A tribulação produz a paciência"
2. Começamos a compreender um propósito em nossas dificuldades
   a. A tribulação torna-nos pacientes
   b. A paciência contribui para a experiência
   c. A experiência traz-nos esperança
   d. A esperança não nos desaponta
3. O Espírito Santo enche nossos corações com o amor de Deus
4. Esse amor ajuda-nos a ter confiança, mesmo nas tribulações

III. Conclusão

A. Deus convida-te a estar em paz com Ele

B. Cristo morreu por nós para que pudéssemos ter essa paz (v. 6)

C. Você receberá a Cristo pela fé para estar em paz com Deus?

OLHANDO COMO VENCEDORES

Hbr. 12:1-2

I. Introdução

A. Três Capítulos Emocionantes da Fé

1. Somos salvos pela fé (cap. 10)
2. Estes viveram a vida pela fé (cap. 11)
3. É assim que vive-se pela fé (cap. 12)

B. Competição Olímpica pela Fé

1. A competição mais importante de todas
2. Como podemos vencer a competição?

II. Corpo do Sermão

A. Devemos olhar ao nosso redor (v. 1)

1. Estamos todos numa grande arena
   a. Muitos estão assistindo à competição
   b. Todos os olhares estão sobre os competidores
2. O povo de Deus sempre está sob observação
   a. Noé era observado enquanto construía a arca e pregava
   b. Abraão era observado enquanto dirigia-se para Canaã
   c. Moisés era observado enquanto aproximava-se de Faraó
3. Nós também somos observados para verem como participamos da competição da fé
   a. Uma grande nuvem de "testemunhas" traz grande responsabilidade
   b. Muitos estão torcendo por nós para competirmos bem
   c. Alguns entrarão na competição da fé por causa de como participamos
   d. Alguns podem escolher absolutamente não competir
4. Tem você olhado como um vencedor hoje para as testemunhas?

B. Devemos olhar para dentro de nós (v. 1)

1. Um vencedor prepara-se para vencer
   a. Vencer não é um acidente

b. Os vencedores cumprem etapas que conduzem à vitória

2. Os corredores despojam-se de peso

a. Os vencedores não correm com roupas pesadas

b. Os vencedores nada carregam que os tornem lentos

3. O que está atrasando você na competição cristã?

a. Abandone tudo o que diminui teu interesse em Deus

b. Abandone tudo o que desvia você da Bíblia

c. Abandone tudo o que prejudica teu testemunho

d. Abandone tudo o que mantém você fora da igreja

4. Tais obstáculos não são dignos de pôr a competição em risco

C. Devemos olhar para Jesus (v. 2)

1. "Olhando para Jesus"

a. Três palavras para vencedores

b. Outros podem decepcionar-nos

c. Jesus nunca falha

2. Por que olhar para Jesus?

a. Para encorajamento (v. 3)

b. Para constância (13:8)

c. Para nosso exemplo (I Pe. 2:21)

3. Jesus é o autor e consumador de nossa fé

a. Os vencedores sempre começam e concluem bem

b. Os vencedores dão seu tudo durante a competição

III. Conclusão

A. A Competição da fé exige grande persistência

B. A alegria aguarda os vencedores no final da competição

O SENHOR DISCIPLINA SEUS FILHOS

Hbr. 12:5-13

I. Introdução

A. "Castigo" amedronta a muitos

1. Produz a visão de uma espada pronta para decepar
2. Essa palavra significa "educação infantil"

B. A Família de Deus

1. O novo nascimento inclui-nos na família de Deus
2. Nosso Pai amorável não é um carrasco
3. Sua disciplina é sempre para nosso bem

II. Corpo do Sermão

A. Quem Deus disciplina (v. 5-6)

1. O Senhor disciplina aqueles a quem ama
2. Ele disciplina seus filhos queridos
   a. As pessoas perdidas não são disciplinadas
   b. As pessoas perdidas enfrentam julgamento e inferno
3. Alguns crentes que Deus disciplinou no passado:
   a. Deus disciplinou Jonas por desobediência
   b. Deus disciplinou Davi por seu pecado com Bate-Seba
   c. Deus disciplinou Israel por incredulidade
4. Não podemos pecar e vencer
   a. Os cristãos não podem pecar e escapar impunes
   b. Pais que não disciplinam são negligentes
   c. Deus não é negligente com seus filhos

B. Porque Deus disciplina (v. 7-8)

1. Deus disciplina porque ama-nos
2. Disciplina é evidência de ser um filho de Deus
3. Não havendo disciplina pode significar que não somos salvos (v. 8)
4. Pais terrestres disciplinam seus filhos
   a. Eles não disciplinam os filhos de outros
   b. A disciplina é um privilégio reservado para os filhos de Deus

5. Outros benefícios de ser um filho de Deus:
   a. Fazemos parte da família de Deus
   b. Somos herdeiros de Deus; co-herdeiros com Cristo (Rom. 8:17)
   c. Somos cidadãos do céu (Filip. 3:20)
   d. Temos vida eterna (João 5:24)
6. Deus está nos treinando para um serviço frutífero para Ele

C. Resultados e reações da disciplina de Deus (v. 9-13)
1. Reações:
   a. Podemos não gostar dela
   b. Podemos considerá-la dolorosa temporariamente
   c. Deveríamos lembrar que a disciplina é para nosso bem
2. Resultados:
   a. Nós nos tornamos participantes da santidade de Deus
   b. Experimentamos um fruto pacífico de justiça
3. Tais benefícios são para aqueles que aprendem com a disciplina

III. Conclusão

A. Alguma vez você já experimentou a disciplina de Deus?
1. Aprendeu com ela?
2. Tirou proveito dela?
3. Pode você agradecer a Deus por ela?

B. Está você sendo disciplinado no momento?
1. Não permita que tua disciplina seja em vão
2. Volte a servir a Deus novamente (v. 13)

POR QUE OS CRISTÃOS TÊM PROVAÇÕES

COMEÇA A SÉRIE "FÉ SOB FOGO" *I Pe. 1:6-9*

I. Introdução

A. Pedro louva o Senhor

1. Sua esperança viva (v. 3)
2. Sua herança permanente (v. 4)
3. Seu anseio por recompensas finais (v. 5)

B. Agora uma nota mais séria:

1. Pedro adverte que poderia haver tempos difíceis pela frente
2. Ele quer que seus leitores estejam preparados para tanto

C. O que podemos aprender da advertência de Pedro

II. Corpo do Sermão

A. Os cristãos podem ter provações

1. "Estejais contristados por várias provações"
   a. Exultar é normal para nós
   b. Os momentos de provação podem causar desencorajamento
   c. Deveríamos lembrar que tais momentos são temporários
2. Alguns cristãos pensavam que já haviam passado pelas provações
   a. Eles pensavam que a fé em Cristo os impediria das provações
   b. Eles pensavam que o trem do evangelho era o trem do dinheiro fácil
3. Então a realidade chegou
   a. Neste mundo temos aflições (João 16:33)
   b. Os cristãos não são imunes das doenças
   c. Os cristãos podem ter problemas financeiros
   d. Pais cristãos podem ter problemas com seus filhos
   e. Operários cristãos podem ter patrões exigentes
4. Tais provações não apanham Deus de surpresa
5. Ele permanece o mesmo em todas as situações (Hbr. 13:8)

C. Os cristãos podem ter provações relacionadas com sua fé

1. "A prova da vossa fé" (v. 7)

2. Quão bem Pedro sabia disso
    a. Jesus tinha revelado que sua morte na cruz estava próxima
    b. Jesus tinha-o advertido esperar rejeição do mundo
    c. Pedro experimentou perseguição por sua fé
3. Paulo conhecia tais provações: prisão, apedrejamentos
4. Estevão conheceu tais provações: morreu como um mártir
5. Tiago conheceu tais provações: finalmente morreu por sua fé
6. Os cristãos tiveram essas provações através dos séculos
7. Aqueles que sofreram por sua fé estão em boa companhia

C. Os cristãos podem ser triunfantes nas provações através do seu Senhor (v. 8)
1. Nas provações nossa fé em Cristo está sendo aperfeiçoada
    a. Semelhante ao ouro sendo purificado pelo fogo
    b. O retorno de Cristo revelará que nossa fé é genuína
2. Nossas vitórias através da fé trazem louvor a Cristo
3. Nossas provações são todas temporárias
4. Nossas recompensas pela fidelidade são todas eternas
5. Nosso Salvador invisível vai conosco em meio às provações
a. Ele nunca nos deixará nem nos abandonará (Hbr. 13:5)
b. Sua graça é suficiente em cada provação (II Cor. 12:9)

III. Conclusão

A. Você está passando por provações?

B. Deus te socorrerá nas provações e enriquecerá tua fé

C. Agradeça a Deus pelas provações que te aproximam mais dele

FÉ PARA CRISES DA FAMÍLIA

SÉRIE "FÉ SOB FOGO" *Mat.15:21-28*

I. Introdução

A. A grande importância da fé
   1. A fé em Cristo salva a alma
   2. A fé traz respostas à oração
   3. A fé rechaça a ansiedade
   4. A fé agrada a Deus

B. O maior teste da fé
   1. Quando um querido está aflito
   2. As crises de família conduzem-nos à oração

C. Lições de uma mulher de grande fé

II. Corpo do Sermão

A. O dilema de uma mãe (v .22)
   1. "Minha filha está horrivelmente endemoninhada"
      a. Marcos observa que era um espírito imundo (7:25)
      b. A filha controlada por pensamentos impuros
      c. Provavelmente sofreu momentos de fúria irreverente
   2. A oração dessa mãe não judia
      a. "Tem compaixão de mim, Senhor, filho de Davi"
      b. Ela confessou a divindade de Cristo
      c. Ela creu que Ele podia libertar sua filha

B. Demora na resposta do Senhor (v.23)
   1. Aqui há fé sob fogo
   a. Ela clamou por ajuda e o Senhor silenciou
   b. Ele era a única esperança dela e não quis responder
   2. Deus pareceu silenciar quando você orou recentemente?
   3. Essa mulher desesperada continuou clamando por ajuda

C. A indiferença dos discípulos (v. 23)
   1 "Despede-a"
   2. Podemos ficar incomodados com aqueles que têm mais fé
   3. Podemos ficar irritados com os que são mais persistentes na oração

4. Porque os discípulos queriam despedi-la
    a. Eles queriam ir atrás para ouvir
    b. Eles não queriam se comprometer

D. As Dimensões da fé da mulher
1. Ela não era uma judia, era mulher cananeia
    a. Reconheceu Jesus como o Messias
    b. Chamou-o de Senhor
2. Creu que Jesus era mais poderoso que o Diabo
3. Ela foi capaz de enxergar além da rejeição aparente
    a. Jesus disse que foi enviado somente para Israel
    b. Ela respondeu: "Senhor, socorre-me"
4. Ela compreendeu Jesus melhor que seus discípulos
    a. Ela humilhou-se
    b. "Os cachorrinhos comem as migalhas que caem da mesa de seus donos"
    c. Sua fé em Cristo exigiu que ela continuasse orando

III. Conclusão

A. O Senhor respondeu a oração dessa mulher aflita
1. Ele viu sua grande fé e a elogiou
2. Sua filha foi libertada do poder do demônio
3. O milagre aconteceu imediatamente

B. A Fé testada sob Fogo é mais forte na próxima crise

C. Confie em Deus para responder tua oração fervorosa e persistente

UMA FANTÁSTICA AÇÃO DE GRAÇAS

SÉRIE "FÉ SOB FOGO" *Jonas 2*

I. Introdução

A. Grandes momentos de Ação de Graças:

1. A Ação de Graças de Israel após a libertação do Egito (Ex. 15)
2. A Ação de Graças na dedicação do templo (II Cron. 5)
3. A primeira Ação de Graças na América

B. A História da Ação de Graças mais incomum

1. Jonas dando graças dentro de um grande peixe
2. Ele dá graças e louva a Deus
3. Jonas realizou uma fantástica Ação de Graças

II. Corpo do Sermão

A. Esse Homem agradecido estava num lugar perigoso

1. Como Jonas encontrou-se em apuro
   a. Sua chamada para ir a Nínive (cap. 1)
   b. Ele fugiu de Deus num navio para Társis
   c. A grande tempestade e o grande peixe
   d. Jonas pensou que sua vida terminou
2. A Ação de Graças segue-se após libertações do perigo
   a. Aconteceu assim em relação à primeira Ação de Graças na América
   b. O inverno rigoroso e a enfermidade ceifaram muitas vidas
   c. O encorajamento voltou com uma boa colheita
   d. Era ocasião para agradecer
3. Vivemos perigosamente
   a. Somente a uma pulsação da morte
   b. Estamos vivos pela graça de Deus
   c. Temos mais do que merecemos
4. Devemos ser gratos

B. Esse Homem agradecido orou desesperadamente

1. "Na minha angústia clamei ao Senhor" (v. 2)
2. Jonas clamou a Deus porque sabia que estava em apuro

3. Todos temos tido nossos apuros
    a. Todos estávamos perdidos no pecado (Rom. 3:23)
    b. Merecíamos tão somente a morte (6:23)
    c. Por amor Deus socorreu-nos em meio a nossos pecados (João 3:16)
    d. Cristo morreu para pagar nossos pecados (Rom. 5:8)
    e. A salvação tornou-se disponível pela fé (10:9-10)
4. Todos devemos ser gratos (Salmo 103)
5. Alguns de nós ficamos desesperados com relação a outros problemas
6. Temos orado e Deus libertou-nos
    a. Nossa Ação de Graças deve refletir nossa libertação
    b. Deus tem sido bom para nós e deveríamos agradecer

C. Esse Homem agradecido esteve perto de desistir

1. "Quando dentro de mim desfalecia a minha alma" (v. 7)
2. Quando estava desencorajado clamou ao Senhor
    a. Ele fez votos ao Senhor
    b. Começou agradecer ao Senhor
3. Deus ouviu-o e regatou-o
4. Deus tem ouvido nossas orações e nos resgatado muitas vezes

III. Conclusão

A. Estamos vivos hoje e deveríamos agradecer

B. Deus tem nos trazido a salvo até este dia

C. Realizemos uma fantástica Ação de Graças

FÉ QUANDO TODO TEUS CASTELOS DESMORONAM

SÉRIE "FÉ SOB FOGO" *Jó 1:21*

I. Introdução

A. A Família Feliz de Jó

1. Um homem próspero, bom e piedoso
2. Uma grande família: sete filhos e três filhas
3. Jó era rico e saudável

B. O Dia em que os Castelos de Jó desmoronaram

1. Inimigos roubaram seus bois e mataram seus servos
2. Suas ovelhas e pastores foram mortos por um relâmpago
3. Os caldeus roubaram seus camelos e mataram seus servos
4. Seus filhos e filhas morreram numa tempestade

C. O Revés e a Fé Inabalável de Jó

1. Ele rasgou seu manto, raspou sua cabeça e adorou (v. 20)
2. Ele declarou que sua fé ainda estava inabalável: "O Senhor deu e o Senhor tirou; bendito seja o nome do Senhor"
3. Como podia Jó fazer isso?

II. Corpo do Sermão

A. Jó considerou o Senhor como a Fonte da Vida

1. "O Senhor deu"
2. Os pais são apenas parceiros com Deus em conceder vida
3. Toda vida vem do Senhor
4. Jó sabia que o tempo que passou com seus filhos foi pela graça
   a. Todos os bons momentos
   b. Todos os momentos de diversão
   c. Todos os momentos da família reunida
5. Toda a dádiva boa e perfeita vem do alto (Tg. 1:17)
6. Deus é o grande doador: sua maior doação foi seu Filho

B. Jó considerou o Senhor como soberano sobre a duração da vida

1. "O Senhor... tirou"
2. Duas surpresas acerca da vida

a. Sua duração quando a morte parece próxima
b. Sua brevidade quando o futuro parece certo
3. Nossa vida está nas mãos de Deus (Dan. 5:23)
4. Jó entendeu que a vida é curta quanto à sua duração
a. Parece que nossa infância foi ontem
b. É importante estar de bem com Deus em todos os momentos
5. Jó não entendia tudo, mas sua fé fê-lo forte

C. Jó considerou o Senhor imutável, não importando o que acontece na vida
1. "Bendito seja o nome do Senhor"
2. É fácil bendizer a Deus quando as coisas vão bem
3. Jó foi capaz de bendizer a Deus quando seus castelos ruíram
4. Jó não entendia, mas ele falou pela fé
a. Deus tinha sido fiel no passado
b. Por que deveria ele duvidar da bondade de Deus agora?

III. Conclusão

A. O Amor de Deus é imutável
1. As coisas têm ido más para você?
2. Deus te ama, apesar das tuas circunstâncias

B. A Cruz prova o amor imutável de Deus
1. Se você duvida do amor de Deus, olhe para a cruz
2. Cristo morreu ali por nós devido ao seu amor

C. Deus te ama como você é e te quer salvar

D. Trazei a Ele teus pecados e sonhos desfeitos

FÉ QUANDO AS FINANÇAS DIMINUEM

SÉRIE "FÉ SOB FOGO" *Luc. 21:1-4*

I. Introdução

A. Conseguindo conhecer uma viúva pobre de Jerusalém
   1. Muitas coisas que não sabemos sobre ela
      a. Sua idade, nome, aparência, número de filhos
      b. A razão da morte de seu marido
   2. Sabemos que era uma mulher de fé e muito pobre
B. Jesus elogiou essa viúva por sua fé
   1. O elogio de Jesus foi a causa dela ser lembrada
   2. O favor de Cristo permanece
   3. O favor do mundo é fugaz
C. Aprendendo acerca da fé de uma viúva pobre

II. Corpo do Sermão

A. A fé dessa viúva levou-a ao local de culto (v. 1)
   1. O cofre estava no templo em Jerusalém
   2. Alguns poderiam ter encontrado desculpas para permanecerem fora do templo
      a. Roupas não adequadas
      b. Muitas pessoas ricas estarão lá
      c. Ter vergonha de comparecer quando não for capaz de dar uma oferta expressiva
      d. Trabalhou muito durante a semana; muito cansado para ir
      e. Os membros ricos não tinham contribuído proporcionalmente à pobreza dela
   3. Ela era pobre, mas rica em fé
   4. Sua limitação financeira não a impediu de ir ao templo
B. A fé dessa viúva moveu-a a ofertar (v. 2)
   1. Muitos teriam pensado não serem capazes de ofertar
      a. Cada centavo é necessário para viver

b. Que os ricos façam a oferta
2. Ela considerou a oferta como ato de culto
3. A oferta cristã tem significado espiritual
4. Ela não podia ofertar mais, mas não podia abster-se de ofertar
a. Ela ofertou dois leptos (pequenas moedas de cobre)
b. Sua oferta deve ter parecido insignificante diante das outras
c. Para essa viúva, porém, foi uma oferta importante
d. Ela queria fazer algo para o Senhor

C. A fé dessa viúva motivou-a a ofertar tudo o que tinha (v. 4)
1. Jesus considerou essa oferta como a maior do dia
a. Ele disse que ela ofertou mais do que todos
b. Deus mede nossas ofertas pela disposição de ofertar
2. Os outros ofertaram parte de sua riqueza
3. A viúva nada reteve
a. Imagine a luta interior acerca dessa oferta
b. Ela nada teria ofertado
c. Contudo, sua fé motivou-a a ofertar tudo
4. A fé no ofertar é revelada pelo quanto retemos

III. Conclusão

A. Mensagem sobre uma lápide na Inglaterra:
- O que eu gastei, eu tive;
- O que economizei, perdi;
- O que ofertei, eu tenho.

B. Deus é o grande doador
1. Ele deu seu Filho
2. Ele dá vida eterna para aqueles que recebem Cristo

C. Pela fé recebem-se boas dádivas de Deus

D. Pela fé oferta-se a Deus mesmo quando as finanças são poucas

FÉ QUANDO OUTROS ESTÃO CONTRA NÓS

TERMINA A SÉRIE "FÉ SOB FOGO" *Daniel 6*

I. Introdução

A. De jovem cativo a presidente

1. Daniel e os amigos cativos de Nabucodonozor na Babilônia
    a. Escolhendo rejeitar o alimento e vinho do rei (1:8)
    b. Daniel interpretando os sonhos de Nabucodonozor (cap. 2,4)
2. Daniel prediz a morte de Belsazar (cap. 5)
3. Dario, o medo, constitui Daniel como presidente principal (cap. 6)
4. Reis e reinos caem; os servos de Deus permanecem

B. Dario viu que Daniel era diferente (v. 3)

1. Dario percebeu um espírito excelente em Daniel
2. O rei constituiu-o presidente

C. A conspiração complica-se

II. Corpo do Sermão

A. As pessoas crentes nem sempre são populares (v. 4)

1. Os outros príncipes e presidentes desprezavam Daniel
2. Servir a Deus sempre tem sido custoso
    a. Os profetas frequentemente foram ignorados e presos ou apedrejados
    b. João Batista foi preso e decapitado
    c. Paulo foi preso e martirizado
    d. Todos os apóstolos foram martirizados, exceto João, que foi exilado
3. Jesus advertiu seus discípulos da rejeição do mundo (João 15)
4. Os cristãos têm sofrido por sua fé por séculos
5. Tua fé persistirá sob a perseguição?

B. Os presidentes e os príncipes e a conspiração deles (v. 4-9)

1. O s inimigos de Daniel procuram nele uma falha
    a. Não puderam encontrar falta alguma nele

b. Que crédito a esse homem fiel
c. Lembra-nos da conclusão de Pilatos acerca de Jesus: "Nenhuma falta encontrei nele"
2. A única brecha para os inimigos de Daniel
a. Ele era um homem de fé
b. Ele era um homem de oração
c. Eles queriam encontrar uma maneira de persegui-lo na oração
3. O decreto infame que sentenciou Daniel para a cova dos leões
a. Petições somente ao rei, pelo espaço de trinta dias
b. Eles sabiam que Daniel continuaria pedindo a Deus
c. A conspiração iníqua deles sentenciara-o à morte
C. A fé sempre encontra ajuda na oração(v. 10-28)
1. A resposta de Daniel ao decreto do rei
a. Ele continuou orando como antes
b. Orava com as janelas abertas: não em segredo
2. Dario enviou Daniel à cova dos leões
a. O rei tinha confiança nas orações de Daniel
b. Ele acreditava que Deus o livraria (v. 16)
3. Deus protegeu Daniel dos leões famintos:
a. Ele milenializou os leões por uma noite (Is.11)
b. O rei passou a noite em jejum e assim fizeram os leões

III. Conclusão

A. O Triunfo segue as provações
1. A visita angelical para Daniel na cova dos leões (v. 22)
2. As bocas dos leões foram fechadas
B. O rei convoca seu povo para voltar-se para o Senhor (v. 26-27)
C. A fé provada sob fogo impacta outros para Cristo

O NASCIMENTO VIRGINAL DE CRISTO

COMEÇA A SÉRIE "SOBRE O NASCIMENTO DE CRISTO"

Is. 7:14

I. Introdução

A. O Nascimento de Cristo

1. O assunto central da Bíblia
2. O V.T. profetiza-o
3. O N. T. proclama-o

B. O nascimento virginal de Cristo

1. Como pode ser verdadeiro?
2. Devem os cristãos aceitá-lo?

C. O que podemos considerar acerca do nascimento virginal de Cristo?

II. Corpo do Sermão

A. O nascimento virginal é necessário se aceitamos a Bíblia

1. A Bíblia relata-nos o nascimento virginal (Is. 7:14)
2. O Prometido seria a semente da mulher (Gn. 3:15)
3. O anjo Gabriel comunicou à Maria a proximidade do nascimento virginal (Luc. 1:26-38)
4. O anjo do Senhor comunicou a José (Mat. 1:18-24)
5. Mateus assegura-nos de que Cristo era de parto virginal (1:25)
6. Paulo declara que Cristo nasceu de uma mulher (Gal. 4:4)
7. Cristo o unigênito Filho de Deus (João 3:16;3:18)

B. O nascimento virginal é um milagre que você aceita pela fé (Luc. 1:37)

1. A Bíblia declara-o; nós cremos nele; isso confirma-o
2. Maria teve que aceitar esse milagre pela fé
   a. Ela teve dificuldade em compreendê-lo
   b. "Como será isso, uma vez que não conheço varão?" (1:34)
   c. Nada é impossível com Deus (1:37)
3. Deus formou o primeiro homem do pó da terra
4. Por que então deveria o nascimento virginal ser difícil de aceitar?

5. Aceitamos outros milagres
   a. A abertura do Mar Vermelho
   b. O maná provido aos israelitas
   c. A água fluindo de uma rocha para milhares sedentos
6. O milagre do nascimento virginal é compatível com o poder de Deus

C. O nascimento virginal é um mistério inaceitável até que você aceite Cristo como teu Salvador (I Cor. 2:14)
1. Você acha impossível aceitar tal milagre?
2. Tente aceitar o seguinte:
   a. Cristo alimentando cinco mil pessoas com poucos pães e peixes
   b. Cristo andando sobre o Mar da Galileia
   c. Cristo acalmando o mar durante uma tempestade
   d. Cristo ressuscitando o morto
   e. Cristo ressurgindo dentre os mortos
3. Os milagres de Cristo são inaceitáveis até você aceitá-lo
4. Paulo explica teu problema (I Cor. 2:14)
   a. Você está tentando entender coisas do Espírito Santo
   b. Isso é impossível até que você tenha o Espírito Santo
   c. Receba Cristo como Salvador e teus olhos serão abertos
   d. O nascimento virginal nunca mais será difícil de aceitar

III. Conclusão

A. O Deus dos milagres te ama

B. Responda ao seu amor e venha a Ele como um pecador

C. Receba Cristo como Salvador pela fé (At. 16:31)

D. O milagre do novo nascimento acontecerá em você

O MAGNIFICAT (O CÂNTICO DE MARIA)

SÉRIE "SOBRE O NASCIMENTO DE CRISTO" *Luc. 1:46-56*

I. Introdução

A. Maria encontra um anjo
   1. O anjo Gabriel: portador de notícias alegres
   2. A maior das notícias já anunciada: o Salvador deve nascer

B. A resposta de Maria a Gabriel
   1. Ela ficou perturbada (v. 29)
   2. Gabriel disse-lhe para não temer (v. 30)
   3. Ela ficou confusa: "Como se fará isso?"

C. Foi dito a Maria esperar um milagre:
   1. "O poder do Altíssimo te cobrirá com sua sombra" (v. 35)
   2. "Porque para Deus nada será impossível" (v. 37)

D. Maria começa alegrar-se (v. 46-55)

II. Corpo do Sermão

A. Maria alegra-se no seu Salvador pessoal (v. 46-48)
   1. "Meu espírito exulta em Deus meu Salvador"
   2. A grande herança e experiências espirituais de Maria:
      a. A linhagem de Davi
      b. A pureza de sua vida
      c. Seu encontro com o anjo Gabriel
      d. A saudação de Isabel
   3. Contudo, ela reconhece que precisa de um Salvador
      a. Um Salvador para todos é o maior motivo de alegria
      b. Você se associa com Maria como alguém que precisa de um Salvador?
      c. Você o aceitará hoje pela fé?

B. Maria alegra-se na personalidade do seu Salvador (v. 48-53)
   1. Você louvou a Deus hoje pelo que Ele é?
   2. Considere os motivos de Maria para louvá-lo:
      a. O louvor de Maria por seu amor (v. 48)
      b. O louvor de Maria por seu favor (v. 48)

c. O louvor de Maria por seu poder (v. 49)
d. O louvor de Maria por sua misericórdia (v. 50)
e. O louvor de Maria por sua graça (v. 52)
f. O louvor de Maria por sua bondade (v. 53)
3. Quais são teus motivos para alegrar-se no teu Senhor?

C. Maria alegra-se nas promessas de Deus (v. 54-55)
1. Deus ajudou Israel
2. Deus foi misericordioso para com Israel
3. Deus cumpriu suas promessas a Abraão
4. A vinda do Salvador foi uma dessas promessas
5. Promessas acerca do Salvador que Maria veria cumpridas:
a. Ele nasceria de uma virgem
b. Ele nasceria em Belém
c. Ele morreria pelos pecadores
d. Ele ressuscitaria
6. Deus cumpre suas promessas
7. Ele cumprirá suas promessas a você e a mim

III. Conclusão

A. Está você alegrando-se no teu Salvador?
B. Considere o que Ele fez por todos
C. É tempo de alegrar-se

QUANDO A AURORA DO CÉU VISITOU A TERRA

SÉRIE "SOBRE O NASCIMENTO DE CRISTO" *Luc.1:78-79*

I. Introdução

A. As duas missões importantes do anjo Gabriel
   1. A Zacarias: anunciando que João Batista nasceria
   2. A Maria: anunciando que Jesus nasceria

B. Maria e Isabel juntas esperando por três meses

C. Nasce João e Zacarias profetiza
   1. João Batista preparará o caminho para Jesus
   2. Jesus é chamado "a Aurora lá do alto" (v. 78)
   3. O que isso significa para nós?

II. Corpo do Sermão

A. Cristo ilumina os que estão nas trevas (v. 79)
   1. "Para iluminar os que jazem nas trevas"
   2. Aurora é uma palavra poética para alvorada ou nascer do sol
   3. Cristo veio dispersar as trevas do mundo
   4. Deus sempre retira luz das trevas
      a. Na criação: "Haja luz" (Gen. 1:3)
      b. Na salvação: "a luz do mundo" (João 8:12)
      c. No andar com Deus: "como Ele na luz está" (I João 1:7)
   5. Jesus veio trazer luz para nossas vidas

B. Cristo traz luz aos que jazem na sombra da morte
   1. "Para iluminar os que jazem na sombra da morte"
   2. Todos vivemos na sombra da morte (Hbr. 9:27)
      a. Estamos a uma pulsação da eternidade
      b. Um ateu disse: "O agora está a um salto terrível dentro do escuro"
   3. A morte e ressurreição de Cristo mudaram isso
      a. O túmulo aberto removeu a sombra da morte
      b. O Sol iluminando dentro daquele túmulo dispersou a morte para todos
   4. Jesus venceu a morte em cada encontro:

a. A filha de Jairo
b. O filho da viúva de Naim
c. Seu amigo Lázaro
5. Ele venceu a morte para você e para mim
C. Cristo ilumina os que precisam de direção (v. 79)
1. "Para dirigir nossos pés no caminho da paz"
2. Andando por este mundo tenebroso precisamos um guia
a. Jesus é esse guia
b. Ele ilumina o caminho para nossos pés
c. Ele guia nossos pés no caminho da paz
3. "Paz": que palavra apropriada
a. É a paz mais do que uma palavra para você?
b. Encontrou você a paz?
4. Jesus quer dar-te paz duradoura

III. Conclusão

A. O que o nascimento de Cristo significa para você?
1. É Jesus apenas um pretexto para esta época?
2. É o Natal apenas outro feriado religioso?
B. Cristo quer trazer-te luz e vida
1. Luz para tuas trevas
2. Luz quando a sombra da morte atravessa teu caminho
3. Luz para guiar-te da terra para o céu

A NOITE DE MILAGRES

SÉRIE "SOBRE O NASCIMENTO DE CRISTO" *Luc.2:1-20*

I. Introdução

A. Tudo na História foi direcionado para aquela noite
   1. Todas as estradas da Escritura terminam em Belém
   2. Somente Maria e José vieram de Nazaré
      a. Mas as eras esperaram pela vinda deles
      b. Miqueias escreveu que eles estariam lá (5:2)

B. Uma longa noite de milagres constava no calendário do céu
   1. Os anjos vislumbravam seus encontros marcados
   2. As palavras dos profetas aguardavam cumprimento
   3. O bebê no ventre de Maria logo iria iluminar a noite

C. Quais foram os milagres do Natal?

II. Corpo do Sermão

A. O milagre do nascimento humilde (v. 1-7)
   1. Cristo desceu do céu para uma manjedoura
      a. Ele entrou no mundo pelo ventre de uma virgem
      b. Este é o mundo do bebê
      c. Foi feito por Ele (João 1:10)
      d. Ele desceu para redimi-lo
      e. Seu mundo rejeitou-o
   2. Considere o contraste de sua superioridade:
      a. Do perfume do céu ao fedor do estábulo
      b. Do culto dos anjos para a rejeição da hospedaria
      c. Dos cânticos dos anjos ao zurro dos jumentos
      d. De um manto de realeza aos farrapos de panos
      e. De uma mansão no céu para uma manjedoura na terra
   3. Ele desceu para salvar você e a mim

B. O milagre das Hostes celestiais (v. 8-14)
   1. Os anjos têm estado ocupados desde que chegou a plenitude dos tempos

a. O anjo Gabriel visitou Zacarias e Maria
b. O anjo do Senhor avisou José num sonho
2. Agora os anjos levariam sua mensagem pelas colinas da Judeia
a. Onde jazia o túmulo de Raquel
b. Onde Samuel ungiu Davi como rei
c. Onde Rute respigou nos campos de Boaz
3. Ali os pastores deveriam ser notificados do nascimento do Salvador
4. O coral celestial cantará da paz sobre a terra
5. Essa é uma noite milagrosa: uma noite para recordar

C. O milagre da Obra de Deus nos corações dos homens (v. 15-20)
1. O Império Romano e seu imposto de censo
a. José e Maria deviam apresentar-se em Belém
b. Os impérios eram deslocados facilmente para cumprirem a vontade de Deus
c. A profecia devia ser cumprida (Miq. 5:2)
2. Os pastores tornar-se-ão evangelistas
3. Os homens sábios viajariam de longe seguindo uma estrela
4. Os atores desse drama das eras estavam no seu lugar
5. Cristo nasceu: o maior de todos os milagres

III. Conclusão

A. Os milagres continuarão
1. À semelhança dos pastores, muitos virão a Jesus
2. À semelhança dos homens sábios, muitos o adorarão

B. Tornou-se você um dos milagres do Natal?

C. Teu milagre espera-te

D. Venha pela fé em Jesus e experimente o milagre da sua salvação

HERODES: O INIMIGO DE CRISTO

TERMINA A SÉRIE "SOBRE O NASCIMENTO DE CRISTO"

Mat. 2:1-19

I. Introdução

A. O personagem esquecido do Natal

1. Alguém que preferimos omitir
2. Quão frequentemente você ouviu o nome de Herodes no Natal?

B. A ênfase do céu é diferente:

1. O gado substitui o rei
2. Um estábulo obtém a atenção mundial em lugar do palácio
3. Os atores no Natal vestem-se como pastores, não como Herodes

C. O rei tem uma participação nesse drama

1. Ele tenta enganar os homens sábios
2. Ele quer destruir a Cristo

D. Como Herodes tornou-se o vilão do Natal

II. Corpo do Sermão

A. Herodes e seu coração aflito (v.3)

1. Os homens sábios chegam ao palácio de Herodes
   a. Eles explicam sua missão
   b. Eles procuram ajuda para encontrar o Rei dos judeus
2. Herodes fica aflito
   a. Ele teme que perderá o controle
   b. Ele teme que Cristo se tornará rei
   c. Você teme perder o controle da tua vida?
   d. Você teme permitir Cristo ser rei da tua vida?
3. Herodes em contraste com os homens sábios
   a. Os homens sábios adoram, mas Herodes preocupa-se
   b. Os homens sábios ofertam, mas Herodes geme
   c. Os homens sábios louvam, mas Herodes conspira

B. Herodes causa aflição a outros (v. 3-18)

1. "Toda Jerusalém com ele"
2. Quando você rejeita Cristo isso afeta outros
   a. Ninguém vive ou morre para si (Rom. 14:7)
   b. O que fazemos causa pesar ou benção a outros
3. Herodes fica transtornado e isso transtorna a cidade
4. O temperamento terrível de um homem aflito
   a. A matança dos infantes de Belém por Herodes
   b. Onde os anjos cantaram as mães choram
   c. O lugar de glória tornou-se um lugar de desgraça
5. Traze teu coração aflito a Jesus
6. Ele te socorrerá na tua aflição e dará paz

C. Herodes em aflição eternamente (v. 19)
1. "Mas tendo morrido Herodes"
2. Herodes morreu em seus pecados
   a. Ele passou do sofrimento para o sofrimento
   b. Herodes, no inferno, ainda está aflito
3. O que Herodes perdeu:
   a. Cristo veio para salvar e Herodes morreu perdido
   b. Cristo veio purificar, mas Herodes morreu culpado
   c. Cristo veio dar paz, mas Herodes morreu aflito

III. Conclusão

A. Você é semelhante a Herodes ou aos homens sábios?

B. Aqueles que rejeitam Jesus nunca encontram paz

C. Os sábios ainda buscam e adoram Jesus

NOSSO SENHOR, O NIVELADOR

Luc.3:4-6

I. Introdução

A. O nascimento milagroso de João Batista

1. Zacarias e Isabel há muito tempo queriam um filho
2. O anjo Gabriel permitiu-lhes saber que suas orações foram respondidas
3. João nasceu para preparar o caminho para Cristo (Is. 40)

B. Passaram-se trinta anos

C. O momento para João começar seu ministério chega

1. Compartilhando um dos sermões de João
2. O que podemos aprender dele?

II. Corpo do Sermão

A. Todo vale se encherá... será exaltado (v. 5)

1. O que isso significa?
   a. Demasiado gráfico para ser geográfico
   b. Deus não é um motorista de terraplanagem
   c. Isso tem a ver com a vida
2. É apropriado que João começa com vales
   a. Indo primeiro ao encontro dos humildes
   b. Permitindo-lhes saber que Deus os exaltará
3. Exemplos bíblicos:
   a. A mulher junto ao poço estava num vale
   b. O cego Bartimeu estava num vale
   c. Maria Madalena estava num vale
   d. Nosso Senhor salvou e exaltou-os a todos
4. Tua necessidade te faz elegível para a graça de Deus

B. Todo monte e outeiro serão rebaixados (v. 5)

1. O orgulhoso deve ser humilhado para ser ajudado
2. Considere o fariseu e o publicano
3. Isso aplica-se à necessidade do príncipe jovem rico
4. O problema do orgulho é tão antigo quanto Satanás (Is.14:12-15)

5. Como o orgulho pode desviar-te da salvação
    a. Você não se considera como um pecador
    b. Você pensa ser bom o suficiente para o céu
    c. Você nunca aceitaria um convite evangélico
    d. Teu orgulho te impede de ser abençoado
6. Permita que cada monte e outeiro na tua vida sejam rebaixados
7. Abandone teu orgulho e humildemente venha a Jesus

C. O tortuoso será endireitado (v. 5)
1. Quão extraviada é a mente pecaminosa do homem
    a. Ele mente, ele engana, ele rouba
    b. Ele é desonesto em seus negócios
2. Deus tem endireitado muitos tortuosos
3. Aqueles que confiam em Cristo são feitos novas criaturas (II Cor. 5:17)

D. Os caminhos ásperos serão aplainados (v. 5)
1. Cristo transformou muitos rudes em mansos
2. Amaldiçoando, jurando, Pedro tornou-se o porta-voz da igreja
3. Línguas que blasfemavam tornaram-se línguas que abençoam
4. Jesus especializa-se em transformar pessoas ásperas em mansas

III. Conclusão

A. Jesus quer socorrer-te onde você está

B. Jesus te transformará daquilo que você é naquilo que você deveria ser

C. Venha para Ele pela fé e encontre todas as coisas novas

QUINTOS DOMINGOS

JESUS QUER SER TEU AMIGO

João 15:13-15

I. Introdução

A. Um sermão para o Domingo do Amigo

1. Alguns estão aqui porque foram convidados por amigos
2. Bons amigos convidam outros para a igreja e para Jesus

B. O que é um amigo?

1. Dicionário: "Alguém que é pessoalmente bem conhecido e por quem alguém tem consideração cordial ou afeição"
2. Um amigo é alguém que conhece tuas faltas e te ama

C. Porque Jesus quer ser teu amigo

II. Corpo do Sermão

A. Jesus ama-te (v. 13)

1. A Bíblia afirma que Jesus ama-te (João 3:16)
2. O cântico infantil do amor é verdadeiro:
   a. "Jesus me ama e isso eu sei"
   b. "Porque a Bíblia me diz assim"
3. O amor infalível de Nosso Senhor:
   a. Ele ama quando outros abandonam (Hbr. 13:5)
   b. Ele ama, apesar dos nossos pecados (I Tim. 1:15)
4. A cruz prova seu amor
   a. "Ninguém tem maior do que este" (v. 13)
   b. Ele doou sua vida por nós (João 10:11)

B. Jesus aceitará você como você é (v. 13)

1. Deus amou-nos quando éramos pecadores (Rom. 5:8)
   a. Amou-nos quando éramos inimigos (Rom. 5:10)
   b. Morreu para tornar-nos seus amigos (Ef. 2:14-16)
2. Nada há para mudar antes de vir a Ele
3. "Eu venho como estou" (H.C.C. 300) é verdadeiro
4. Está você com medo que Deus não vá perdoar teus pecados?
   a. Jesus não veio para raspá-los

b. Jesus veio para removê-los (Is. 44:22-23)

C. Jesus quer estar com você eternamente (v. 4)

1. Os amigos querem estar juntos
    a. Eles desfrutam comunhão
    b. Eles têm coisas em comum
2. Promessas acerca da comunhão eterna:
    a. "Eu estou convosco sempre" (Mat. 28:20)
    b. "Nunca te deixarei" (Hbr. 13:5)
    c. "Não te abandonarei" (13:5)
3. Jesus quer que você esteja com Ele no céu (João 14:1-3)
    a. Ele está preparando lugares para seus amigos
    b. Lugares preparados para pessoas preparadas
    c. Está você preparado?
4. "E assim estaremos para sempre com o Senhor" (I Tess. 4:17)
5. O céu compensará as tribulações daqui (Apoc. 7:15-17)

III. Conclusão

A. "Em Jesus amigo temos!" (H.C.C. 165)

B. É Ele teu amigo?

C. Aceite esse amigo celestial hoje

1. Venha a Ele como você está (Mat. 11:28)
2. Aceite-o pela fé (Rom. 5:1)
3. Ele será teu amigo eternamente (João 3:16)

PROCURANDO CHUVA

I Reis 18:1,41-46

I. Introdução

A. Encontro com Elias: o profeta poderoso de Deus

1. O homem que não morreu (II Reis 2:11)
2. Elias na Transfiguração (Mat. 17:3)
3. Seu ministério na tribulação vindoura (Apoc. 11)

B. Elias profetiza uma seca (17:1)

1. Conta ao rei Acabe que não vai chover
2. Elias orou por essa seca (Tg. 5:17-18)
3. Acabe e Israel abandonaram o Senhor

II. Corpo do Sermão

A. A seca vai terminar (v.1)

1. A seca provocou uma fome
2. Elias é preservado durante a fome
   a. Preservado junto ao ribeiro Querite (17:2-7)
   b. Preservado por uma viúva (17:9-16)
   c. A provisão de Deus é inatingível pela seca (Filip. 4:19)
3. As secas são momentos para decisões (18:21)
4. Deus é imutável em tempos de seca (Hbr.13:8)
   a. Dificuldades físicas não mudam Deus
   b. Dificuldades espirituais não mudam Deus
   c. Ele ama-nos em tempos de seca (Rom. 8:38-39)

B. A demonstração do poder de Deus (v. 21-38)

1. Elias convoca para um debate
   a. Seu desafio no Monte Carmelo
   b. O Deus que responde pelo fogo
2. Os profetas de Baal clamam em vão
   a. Eles oraram toda a manhã (v.26)
   b. Oraram entusiasticamente: saltando ao redor do altar
   c. Oraram com sacrifício: retalhando-se
   d. Oraram até a noite, mas nenhuma resposta veio

3. Elias prepara-se para orar
    a. Ele repara o altar do Senhor (v. 30)
    b. Cava um rego ao redor do altar (v.3 2)
    c. O rego foi enchido com água (v. 33-35)
    d. O valor da preparação para orar com fé
4. A oração breve de Elias (v. 36-37)
5. O fogo do Senhor caiu (v. 38)
6. Precisamos que esse fogo caia outra vez

C. A chuva abundante (v. 41-46)
1. O som de chuva abundante (v. 41)
2. Elias manda seu meteorologista perscrutar o céu
    a. Nenhuma nuvem é vista (v. 43)
    b. "Volta lá sete vezes" (v. 43)
    c. Elias esperou Deus responder sua oração
3. Uma nuvem do tamanho da mão de um homem (v. 44)
    a. Aquilo era tudo o que Elias precisava
    b. Ele sabia que a chuva estava chegando

III. Conclusão

A. Vamos esperar a seca espiritual terminar

B. Procuremos pelos primeiros sinais de avivamento

C. Vamos nos regozijar no que Deus fará em nossas vidas

QUESTÕES PARA ACABAR COM O MEDO DE TESTEMUNHAR

At. 1:4-11

I. Introdução

A. Testemunho: A maior lacuna nas igrejas hoje
1. Fazemos bem muitas coisas: cultos, projetos etc.
2. Os programas tornaram-se quase profissionais
3. Poucas igrejas, porém, sobressaem-se em testemunhar

B. O medo impede muitos de compartilhar sua fé
1. Tememos a resposta das pessoas
2. Tememos a opinião pública

C. Três perguntas para vencer nossos medos

II. Corpo do Sermão

A. É nesse tempo? (v. 4-7)
1. Antes da ascensão de Jesus
   a. Os pecados foram pagos na cruz
   b. Cristo ressurgiu como Ele predisse
   c. O Reino viria em seguida?
2 "Senhor, é nesse tempo que restauras o reino a Israel?"
3. Muitos desejaram saber esse tempo
   a. Os marcadores de datas falharam em descobri-lo
   b. O segredo sagrado (Mat. 24:36)
4. Contudo, sabemos que tempo é esse:
   a. É tempo de testemunhar
   b. É tempo de ganhar almas
   c. Cada dia aproxima-nos mais perto do retorno de Cristo
5. Essa urgência deveria vencer nossos temores de testemunhar

B. Quem nos capacitará? (v. 8)
1. "Recebereis poder"
   a. Esse poder virá do Espírito Santo
   b. O Espírito Santo que viria no Pentecostes
2. A promessa foi cumprida

a. O Espírito Santo veio (At. 2)
b. Milhares foram salvos
3. Notícias grandes: o Espírito Santo ainda está aqui
a. Ele vive dentro de cada crente (I Cor. 6:19)
b. Seu poder não foi diminuído
c. Testemunharemos no seu poder
4. O Espírito Santo prepara os corações para nosso testemunho
5. O Espírito Santo provê palavras para o testemunho
6. Por que temeríamos quando o Espírito Santo está aqui?

C. Quem chamou-nos para testemunhar? (v.8)
1. "Ser-me-eis testemunhas"
2. O próprio Jesus chamou-nos para testemunhar
a. Aquele que suportou a cruz por nós
b. Aquele que se levantou do túmulo
c. O Homem de lágrimas e compaixão
d. Aquele que está retornando
e. Aquele que recompensará seus servos
3. Há mais motivo em ter medo de desobedecer do que em testemunhar

III. Conclusão

A. Troque teus medos pela fé
B. Comece a testemunhar agora
1. Tendo em vista o retorno do Senhor
2. No poder do Espírito Santo
3. Em obediência a nosso Salvador

CONSEGUINDO PAZ PARA TESTEMUNHAR

Filip.4:6-9

I. Introdução

A. O medo é um inimigo de todos

1. Medo: a primeira evidência da Queda (Gen. 3:10)
2. O medo desvia muitos da salvação:
   a. Medo de que Deus não os ama
   b. Medo de que seus pecados são tão demasiado graves para ser perdoados
   c. Medo da opinião pública

B. O medo impede muitos crentes de testemunharem

1. Medo de falar de Cristo a outros
2. Medo de distribuir folhetos
3. Medo de convidar outros para a igreja

C. Trocando o medo pela fé para testemunhar

II. Corpo do Sermão

A. Devemos orar acerca do testemunho (v. 6)

1. "Em tudo pela oração"
2. Oramos acerca de muitas coisas:
   a. Problemas físicos, finanças, necessidades da família,
   b. A igreja, o governo
3. Quando foi a última vez que você orou acerca de testemunhar?
4. Ore para que Deus nos dirija às almas necessitadas
5. Ore para falar as palavras certas
6. Ore pelas pessoas a serem salvas

B. Devemos ter um plano para testemunhar (v. 6-7)

1. Este texto oferece um plano para a paz
   a. Por cousa alguma estejais ansiosos
   b. Orem acerca de tudo
   c. Agradeçam as bênçãos de Deus
2. É correto ter um plano
   a. Deus é organizado; tem um plano (considere a criação)

b. Um bom plano para testemunhar:
a. Fique atento às necessidades daqueles que você encontra
b. Seja compassivo para com os necessitados
c. Use folhetos que enfatizam as necessidades
d. Compartilhe teu testemunho

C. Devemos ser positivos em nosso testemunho (v. 8)
1. "Nisso pensai"
2. Espere resultados do teu testemunho
3. Creia que as pessoas precisam do teu testemunho
4. Confie que Deus fará frutificar teu testemunho:
a. Pessoas perdidas vindo a Cristo
b. Pessoas aflitas encontrando paz
c. Apóstatas retornando ao Pai

D. Devemos praticar nosso testemunho (v. 9)
1. "...e vistes em mim, isso praticai"
2. Boas intenções não são suficientes
3. Quanto mais testemunharmos, menos temeremos em testemunhar
4. Pratique isso

III. Conclusão

A. À medida que a fé aumenta, o medo diminui
B. Praticando teu plano, advirão resultados
C. A obediência no testemunhar traz paz

ABENÇOADA DISPERSÃO

Atos 8:4

I. Introdução

A. Palavras para culto e testemunho

1. Reunir para cultuar
2. Dispersar para evangelizar

B. Tua presença mostra que você valoriza o culto

1. Você está aqui para cantar, orar, louvar, aprender
2. O que você fará quando se dispersar?
3. Deus valoriza teu culto e teu testemunho

C. Os cristãos primitivos foram dispersados pela perseguição

II. Corpo do Sermão

A. Quando dispersos, eles não se angustiavam

1. Eles poderiam ter se queixado acerca de muitas coisas:
   a. Confiavam e a tribulação veio
   b. Ofertavam em sacrifício e tornaram-se pobres
   c. Amavam, mas recebiam ódio
   d. Os líderes eram presos e martirizados
2. Eles mantiveram-se louvando na adversidade:
   a. O mundo admirava-se deles
   b. O inimigo deles (Saulo) tornou-se um deles

B. Quando dispersos, eles não criticavam

1. Eles podiam ter amaldiçoado seus líderes:
   a. "Se vocês não tivessem sido tão dogmáticos"
   b. "Se vocês não tivessem inquietado o público"
   c. "Se vocês tivessem sido mais diplomáticos"
2. A crítica prejudica as igrejas de hoje
   a. Crítica aos líderes
   b. Crítica de um ao outro
3. O negativismo enfraquece o poder espiritual dos crentes

C. Quando dispersos, eles não faziam política

1. A igreja primitiva não tinha agenda política

a. Seu propósito era pregar o evangelho
b. Transformando o seu mundo, alcançando uma pessoa de cada vez

2. A igreja primitiva não tinha poder político
   a. Nenhuma evidência há que o desejasse
   b. Não havia romarias para Roma
   c. Não havia rebelião contra líderes
3. Há perigos quando as igrejas escolhem uma mensagem política
   a. Historicamente isso tem sido desastroso
   b. Troca-se uma mensagem eterna por uma temporal
   c. Reflexos de referências políticas erradas sobre a igreja:
4. "Dai a Cesar" (Mat. 22:21)
5. "Meu reino não é deste mundo" (João 18:36)

D. Quando dispersos eles evangelizavam
   1. "Iam por toda a parte anunciando a Palavra"
   2. As pessoas estão perdidas por onde formos (Rom. 3:23)
   3. As pessoas precisam de Jesus por onde formos (At. 4:12)
   4. Devemos evangelizar por onde formos (At. 1:8)

III. Conclusão

A. O que faremos quando dispersos?
   1. Agonizaremos? Criticaremos? Faremos política?
   2. Vamos evangelizar

B. Quantos alcançaremos para Cristo nesta semana?

TREZENTOS HERÓIS

Juízes 6-7

I. Introdução

A. Midiã tornou-se o opressor de Israel (6:1-6)
   1. Deus permite seu povo ser opresso temporariamente
   2. Sete anos de castigo por seus pecados (6:1)
      a. Vivendo em covas e cavernas
      b. As colheitas de Israel foram destruídas

B. A escolha e comissionamento de Gideão (6:7-40)
   1. Um anjo aparece a Gideão (v.12)
      a. A surpresa e as dúvidas de Gideão (v. 12-15)
      b. Gideão procura sinais (v. 17-40)
   2. Gideão é preparado para liderar um exército pequeno de heróis

C. Porque Deus escolheu os trezentos heróis de Gideão

II. Corpo do Sermão

A. Eles eram homens corajosos (v. 3)
   1. "Quem for medroso"
      a. O medo é o oposto da fé
      b. Coragem e fé são amigos
   2. Coragem e fé na vida de Josué:
      a. "Esforça-te e se corajoso" (1:6-7)
      b. "Esforça-te e tem bom ânimo" (1:9)
   3. "O convite do salmista para a coragem" (27:14)
   4. A coragem de Paulo nas aflições (At. 28:15)
   5. Coragem e vida cristã
      a. É preciso coragem para enfrentar o tentador
      b. É preciso coragem para testemunhar
      c. É preciso coragem para fazer as coisas certas
      d. É preciso coragem para permanecer sozinho
   6. Cristo, o exemplo supremo de coragem
   7. Esses homens permaneceram, quando 22.000 temeram

B. Eles eram homens cautelosos (v. 6-7)

1. Um teste estranho para pertencer ao exército de Gideão:
    a. Escolhendo aqueles que lambiam a água como um cão
    b. Rejeitando aqueles que abaixavam-se para beber
2. A maioria (9.700) mergulhavam suas faces dentro da água
    a. Mais interessados com a água do que com a vigilância
    b. Saciar a sede mais importante que a vitória
3. Trezentos lamberam a água em suas mãos
    a. Lambiam e vigiavam ao mesmo tempo
    b. Para eles vigilância era mais importante que a água
4. Bons soldados são cautelosos
    a. Estamos numa luta de vida ou morte
    b. Nosso inimigo é astucioso e forte

C. Eles eram homens comissionados (v. 8-22)
1. Eles eram comprometidos com Gideão
    a. Permaneceram com ele quando outros abandonaram
    b. Não tema ser uma minoria
2. Eles eram comprometidos com Deus
    a. Aceitaram suas armas estranhas
    b. Esperaram vencer com trombetas, cântaros e tochas

III. Conclusão

A. Vance Havner e os homens de Gideão: "Todo o avivamento começa com um grupo de Gideões, um núcleo de efetivos, a igreja dentro da igreja"

B. Uma convocação para soldados cristãos corajosos, cautelosos, comprometidos

O HOMEM QUE ANDOU COM DEUS

Gen. 5:24

I. Introdução

A. Um giro pelo cemitério

1. Um capítulo de vida e morte
2. Preciosidades entre as genealogias
   a. Adão e Eva geraram filhos e filhas
   b. Matusalém: sempre o homem mais idoso
   c. O nascimento de Noé
   d. Enoque: o homem que não morreu

B. Aprendendo mais sobre esse homem incomum

II. Corpo do Sermão

A. Enoque andou com Deus

1. Quando esse andar começou?
2. Que fatores conduziram à fé?
   a. Sua observação acerca da morte?
   b. Sua observação da natureza?
   c. A revelação transmitida desde Adão?
      (1) Coisas que Adão aprendeu do Éden
      (2) O testemunho contínuo de Abel (Hbr. 11:4)
   d. Quando ele tornou-se pai (v. 22)?
3. Deus revela-se àqueles que desejam andar com Ele

B. Enoque não morreu (Hbr.11:4)

1. A frase repetitiva em Gen. 5: "E ele morreu"
2. "Enoque foi transladado: para não ver a morte" (Hbr. 11:5)
3. Luz num capítulo sombrio
4. Enoque representa a igreja no arrebatamento
   a. "Nem todos dormiremos" (I Cor. 15:51)
   b. "Os que ficarmos vivos" (I Tess. 4:15)
   c. Podemos nunca morrer

C. Enoque foi um profeta (Jud. 14-15)

1. Ele profetizou que Cristo viria

2. Uma descrição clara do retorno de Cristo
    a. Cristo retornando com seus santos (Apoc. 19-20)
    b. Cristo retornando para estabelecer seu Reino
    c. Cristo retornando para trazer julgamento
3. Enoque sabia que o pecado não compensa (v. 15)
    a. Pregou contra ações ímpias
    b. Pregou contra palavras ímpias

III. Conclusão

A. O ministério de Enoque no futuro:
  1. Talvez uma das testemunhas de Apoc. 11
  2. Sua mensagem será a mesma (Jud. 14-15)
  3. Ele pode retornar para profetizar e morrer (Hbr. 9:27)
  4. Transladado para ser um profeta da Tribulação

B. Você já começou caminhar pela fé?

C. Aqueles que andam com Deus aqui em baixo andarão com Ele lá em cima

RETORNO A BETEL

Gen. 35:1-3

I. Introdução

A. Jacó e suas tribulações

1. Um filho de Isaque, um patriarca de Israel
2. Ele enganou Esaú e seu pai (Gen. 25-27)
3. Fugiu para Padã-Arã para escapar de Esaú

B. Jacó em Betel (Gen. 28:10-22)

1. No caminho de Jacó para Padã-Arã, Deus o encontrou
2. A escada da terra ao céu
3. Jacó chamou o lugar "Betel" (a Casa de Deus)

C. Retorno a Betel

II. Corpo do Sermão

A. A convocação a Jacó para retornar a Betel (v.1)

1. Esta é uma convocação da parte de Deus
2. Deus chama os desviados para retornarem
   a. Ele chama-nos para retornar aos locais de dedicação
   b. Ele chama-nos para retornar para Ele
3. Jacó em Betel na primeira vez (Gen. 28:10-22)
   a. Ele parara para descansar
   b. Ouviu Deus falar a ele
   c. Céu e terra estavam unido
   d. As promessas de Deus tornaram-se reais
   e. Deus prometeu estar com ele
   f. Jacó fez votos a Deus
4. Deus chama-nos para voltar aos locais de compromisso

B. A convicção que motivou Jacó para voltar a Betel (v. 2)

1. A convicção produziu ação
   a. "Lançai fora os deuses estranhos"
   b. "Purificai-vos"
   c. "Mudai as vossas vestes"
2. Coisas estranhas nas vidas dos crentes:

a. Planos estranhos
b. Atitudes estranhas
c. Palavras estranhas
d. Propósitos estranhos
3. Está você convicto das coisas estranhas em tua vida?

C. A consagração do coração de Jacó enquanto retorna a Betel
1. "Levantemo-nos e subamos"
2. Muito melhor do que a decisão do pródigo
a. "Levantar-me-ei e irei" é pessoal
b. "Levantemo-nos e subamos" é público
3. A consagração fez Jacó cultuar: edificou um altar
4. A consagração tornou Jacó fiel:
a. Disse que Deus respondeu sua oração
b. Lembrou que Deus esteve com ele

III. Conclusão

A. O impacto do retorno de Jacó a Betel
1. Sobre sua família: abandonou seus deuses e riqueza
2. Sobre a comunidade: seus inimigos temeram-no

B. Retorne ao teu Betel:
1. Deus está chamando-te para retornar ao teu Betel
2. Esse retorno impactará outros para Deus

ÍNDICE BÍBLICO

Gen.1:1-3	Nosso Deus eterno
Gen.3:8	Escondendo-se de Deus
Gen.3:13	Que fizeste?
Gen.4	A mãe de todos nós
Gen.4:6	Deus interroga o primeiro assassino da terra
Gen.5:24	O homem que andou com Deus
Gen.5:24	Deus o tomou
Gen.35:1-3	Retorno a Betel
Ex.32:1-8	Uma nação carente
Num.13:30	A determinação de Calebe
Deut. 8	Um apelo para lembrar
Jos.1:1-6	Aceitando um novo desafio na vida
Juiz.6-7	Trezentos heróis
II Sam.14:14	O banido retorna ao lar
I Reis 18:1,41-46	Procurando chuva
II Reis 10:15-16	A disciplina enérgica usada por Deus
Jó 1:21	Fé quando todos os castelos desmoronam
Salmo 46	Tua vida à prova de terremoto
Salmo 119:9-11	Como purificar nossas vidas
Is.7:14	O nascimento virginal de Cristo
Is. 53:1-3	Quem acreditará?
Is.53:3-4	O Homem de Dores
Is.53:5	Feridas, hematomas e paz
Is.53:6	Trazendo de volta os desviados
Is.53:7	O Salvador silencioso
Is.53:8-12	Da cruz para o trono
Dan.6	Fé quando outros estão contra nós
Os.6:1	Tornemos para o Senhor
Amos 8:11	Uma fome na América?
Jon.2.	Uma fantástica Ação de Graças
Mat.2:1-19	Herodes: o inimigo de Cristo
Mat.4:1-11	A Bíblia e a batalha espiritual
Mat.6:9-15	A Oração do Senhor
Mat.6:25-34	Viver sem ansiedade
Mat.15:21-28	Fé para famílias em crise
Mat.16:25-26	Perdendo e achando

Mat.28:1-10	Experiências junto ao túmulo vazio
Marc.14:8	Faça o que puder
Luc.1:46-56	O Cântico de Maria (Magnificat)
Luc.1:78-79	Quando a Aurora do alto visitou a Terra
Luc.2:1-20	A Noite de milagres
Luc.3:4-6	Nosso Senhor, o Nivelador
Luc.10:38-42	Maria, Marta e o Senhor
Luc.12:8	Confessar Cristo publicamente
Luc.19:10	O que significa ser perdido
Luc.21:1-4	Fé quando as finanças são poucas
Luc.21:25-26	Lidando com as pressões do tempo final
Luc.24:1-12	O poder da Ressurreição
João 3:1-21	Necessário vos é nascer de novo
João 3:26	O que significa ser perdido
João 6:35	Eu sou o Pão da Vida
João 8:1-12	Eu sou a Luz do Mundo
João 8:44	O maior mentiroso na cidade
João 10:7-10	Eu sou a Porta
João 10:10	O maior mentiroso na cidade
João 10:11	Eu sou o Bom Pastor
João 11:25-26	Eu sou a Ressurreição e a Vida
João 13:36-14:9	Anelos dos discípulos
João 14	Lidando com as pressões do tempo final
João 14:6	Eu sou o Caminho, a Verdade e a Vida
João 15:1-8	Eu sou a Videira verdadeira
João 15:1-11	Permanecendo em Cristo
João 15:13-15	Jesus quer ser teu amigo
João 16:33	Preparando-se para as aflições
At.1:3	Muitas provas infalíveis
At.1:4-11	Perguntas para acabar com o medo de testemunhar
At.8:4	Abençoada dispersão
At.16:9-15	O Senhor e Lídia
At.17:15-34	Que nova doutrina é essa?
Rom.5:1-6	Paz com Deus
Rom.8:18	Sofrimento agora... Glória depois.
I Cor.9:1-18	O sustento do pregador e benefícios adicionais
I Cor.9:27	A grande corrida anual
I Cor.10:13	Vitória sobre a tentação
I Cor.11:23-24	Tempo para a Ceia do Senhor

I Cor.12:11-26	Quando a Igreja agrada a Deus
I Cor.13:13	O Amor é o maior
I Cor.15:13-20	Se Cristo não tivesse ressurgido
II Cor.5:10	O encontro marcado mais importante de um cristão
II Cor.11:13-15	O Diabo em seu melhor traje a rigor
Gal.5:7	Obstáculos à Fé
Gal.5:22	O Fruto do Espírito Santo é Amor
Gal.5:22	O Fruto do Espírito Santo é Alegria
Gal.5:22	O Fruto do Espírito Santo é Paz
Gal.5:22	O Fruto do Espírito Santo é Longanimidade (Paciência)
Gal.5:22	O Fruto do Espírito Santo é (Gentileza) (Benignidade)
Gal.5:22	O Fruto do Espírito Santo é Bondade

Este livro foi composto por letra em Adobe Garamond Pro
11,5/15,0 e impresso em papel Offset 75g/m^2.